AWS 네트워킹 쿡북

AWS 네트워킹 쿡북

실습 위주로 쉽게 배우는
AWS 네트워킹 입문서

사티야짓 다스 · 즈할락 모디 지음 남궁영환 옮김

Packt>

지은이 소개

사티야짓 다스 Satyajit Das

16년 이상 IT 업계에서 일해왔다. 현재 대기업에서 AWS CoE 리더 클라우드 아키텍트로 일하고 있다. 엔터프라이즈 아키텍트, 솔루션 아키텍트, 테크니컬 아키텍트로도 일했으며, 엔터프라이즈급 애플리케이션에 대한 가이드, 설계, 통합, 구현, 거버넌스 등의 업무도 수행했다. 데브옵스 원리를 활용하는 하이브리드 클라우드상에서 마이크로서비스 기술을 갖고 솔루션을 구축하는 업무를 수행하고 있다. IoT, AWS, 클라우드로 시스템을 이전하는 일에 많은 경험을 갖고 있다.

또한 위프로Wipro, 인포시스Infosys, PwC, 액센츄어Accenture 같은 기업에서 다양한 역할을 담당한 이력을 보유하고 있다.

- -

내 인생에 첫 번째 책을 쓸 수 있는 기회를 준 팩트출판사 편집 팀의 큰 도움과 지원에 감사드립니다.

이 책을 쓰는 동안 지원을 아끼지 않은 위프로 관리 팀과 동료들에게도 감사의 마음을 전합니다. 새로운 도전과 배움의 기회를 얻게 해준 비풀Vipul에게도 큰 고마움을 표합니다.

우리 가족에게도 감사드립니다. 특히 아내 파피야Papiya는 모든 일에 있어 최선을 다해 저를 도와주었습니다. 끝으로 나의 삶을 인도해주시고 지금의 내가 있게 해주신 아버지 사사드하Sasadhar, 바깥 일 핑계로 함께 많은 시간을 보내지 못해 늘 미안했던 사랑하는 우리 아들 쉬레야스Shreyas에게 이 책을 바칩니다.

- -

즈할락 모디 ^{Jhalak Modi}

데브옵스, 클라우드 아키텍트 전문가이며, 멀티-티어 아키텍처, 클러스터 플랫폼, 자동화 솔루션 등을 구현하는 데 깊은 관심과 전문성을 지닌 AWS 트레이너이기도 하다. AWS의 솔루션 아키텍트 프로페셔널과 데브옵스 엔지니어 프로페셔널 자격증을 비롯해 10개가 넘는 최신 기술 관련 자격증을 보유하고 있다.

다양한 AWS 이벤트, 대학교, 콘퍼런스 등 각종 행사에서 세션 발표자로도 활동하고 있다. 또 몇몇 유명한 기관 및 기업에서 AWS와 리눅스 강좌를 제공하고 있다. 현재 코전틱스 KOGENTiX에서 일하고 있으며, 위프로 테크놀로지스 Wipro Technologies와 일렉트로메크 Electromech 사에서 근무했다.

- -

항상 저를 믿어주시고 아낌없는 사랑을 주시는 부모님께 이 책을 바칩니다.

한결같이 나를 이끌어주고 지원해주고 묵묵히 기다려준 우리 남편 다르샴 Darsham 너무너무 고마워요. 당신이 없었다면 이 책을 쓰는 건 불가능했을 거예요.

카리슈마 모디 Karishma Modi, 하르딕 모디 Hardik Modi 그리고 시댁 가족 모두에게 깊이 감사드립니다.

바이풀 탄카리야 Vipul Tankariya, 브하빈 파르마르 Bhavin Parmar, 디비야 티와리 Divya Tiwari에게도 감사의 마음을 전합니다. 그리고 이 책을 함께 쓴 사티야짓 다스 Satyajit Das에게도 감사드립니다. 나의 멘토가 돼준 모든 이들(아쉬토쉬 판촐리 Ashutosh Pancholi, 쉬브람 미이나 Shivram Meena, 루크흐사나 사이피 Rukhsana Saifee, 아누 바돌라 Anu Badola, 사드한단 PT Sadhandan PT, 자이 말호트라 Jai Malhotra, 쉬크샤 칸와르 Shksha Kanwar)께도 깊이 감사드립니다.

일정이 여러 차례 바뀌었음에도 사정을 잘 이해해주셨을 뿐만 아니라, 꼼꼼한 리뷰 작업을 통해 좋은 책을 출간할 수 있도록 힘써주신 팩트출판사의 헤람브 브하브사르 Heramb Bhavsar, 드비카 바띠크 Devika Battike께도 고마움을 전합니다.

끝으로 AWS가 없었다면 당연히 AWS 네트워킹에 대한 책을 쓸 수 없었겠죠. 놀라울 만큼 멋진 자료들을 제공해주신 AWS 팀에게도 큰 감사의 마음을 표현하고 싶습니다.

- -

기술 감수자 소개

아빠싸헵 바갈리^{Appasaheb Bagali}

엔터프라이즈 고객을 위해 일하는 AWS 솔루션 아키텍트다. 컴퓨터에 대한 애정이 많아 컴퓨터 애플리케이션 관련 석사 학위도 병행하고 있다. 웹 개발자로 직장 생활을 시작했다. 현재 AWS 솔루션 아키텍트로 일하고 있으며 고객의 IT 인프라스트럭처를 어떻게 변화시킬 수 있는지 고객이 이해할 수 있도록 돕고 있다. 또 AWS 플랫폼의 확장성, 혁신, 비용 효율성 등을 고객이 얻을 수 있도록 열심히 지원하고 있다. AWS CloudFormation, Puppet 등을 이용해 데브옵스와 자동화하는 것에 큰 관심을 갖고 있다. 현재 아내인 산디야^{Sandhya}, 아들 프리탐^{Pritam}과 함께 인도의 방갈로에서 살고 있다.

아드린 무크헤르지^{Adrin Mukherjee}

열정 넘치는 소프트웨어 엔지니어이면서 테크니컬 아키텍트다. 분산 애플리케이션과 고성능 시스템 구축에 전문성을 갖고 있다. 13년 동안 IT 업계에서 일해왔으며 현재 위프로에서 솔루션 아키텍트로 근무하고 있다. 클라우드 컴퓨팅, NoSQL, 머신 러닝에 관심이 많다.

레고리에 라잔^{Legorie Rajan}

은행, 보험 분야에서 엔터프라이즈 고객을 위해 일하는 클라우드 컨설턴트다. 메인프레임 개발자로 시작해 클라우드상에서 솔루션 아키텍트로 일하고 있다. 고객이 클라우드로 애플리케이션을 옮기는 데 많은 역할을 하고 있다. 새로운 프로그래밍 언어를 배우고 다루는 걸 매우 좋아한다. 요즘은 Node.js, Mongo DB, 쿠버네티스^{Kubernetes}를 이용한 프로젝트를 수행 중이다. 폰디체리대학교^{Pondicherry University}에서 컴퓨터과학 B. Tech 학위를 받았으며, 그러노블^{Grenoble} 비즈니스 스쿨에서 경영학 석사 학위를 받았다. 아내인 아니타 소피^{Anitha Sophie}, 아들 레유엘 베핀^{Reuel Bepin}과 함께 인도 타밀나두주의 첸나이에서 살고 있다.

옮긴이 소개

남궁영환(youngnk@gmail.com)

고려대학교 컴퓨터학과(학사/석사)와 서던캘리포니아대학교(석사)를 졸업하고, 플로리다대학교에서 데이터 마이닝을 주제로 컴퓨터공학 박사 학위를 취득했다.

삼성 SDS 연구소에서 클라우드 컴퓨팅, 빅데이터 인프라 플랫폼, 데이터 과학 분야의 최신 기술에 관련된 다양한 연구 개발 과제를 수행했다. 클라우드 기반 빅데이터 처리/분석에 관한 컨설팅 경험도 있다.

현재 아마존 웹 서비스AWS에서 AI/ML Specialist 솔루션 아키텍트로 활동 중이다.

옮긴이의 말

클라우드 컴퓨팅이 세상에 알려진 것이 이제 10년 남짓 된 것 같습니다. 하지만 이 짧을 수도 있는 10년 동안의 변화는 과거와 비교했을 때 그 무엇과도 비교할 수 없을 만큼 크지 않나 생각됩니다. 이를 가능하게 한 가장 중요한 요소를 꼽으라면 단연 아마존 웹 서비스^AWS라 하겠습니다.

AWS는 2006년부터 지금까지 끊임없는 변화와 혁신을 통해 클라우드 시장을 선도하고 있으며, 이제는 수많은 비즈니스 영역에서 IT와 소프트웨어 관련 기술을 논할 때 필수불가결한 부분으로 자리 잡고 있습니다. 특히 'Pay-as-you-go'라는 참신한 개념은 기존의 인프라 도입, 운용, 관리에 대한 고정 관념을 완전히 뒤바꿨으며, 이는 비즈니스의 발전 속도에도 엄청난 영향을 끼쳤습니다. 넷플릭스, 에어비엔비 같은 수많은 회사들의 성공 사례가 이를 증명하고 있습니다.

모든 웹 서비스 기반 비즈니스는 서비스 성능, 확장성, 보안, 안정성, 가용성 등 여러 가지 측면을 종합적으로 면밀히 고려해야 합니다. 이 책은 이와 관련해 AWS의 가장 중요한 내용 중 하나인 네트워크에 관한 서비스를 중점으로 소개하고 있습니다. VPC, 라우팅, 게이트웨이 등을 클라우드상에서 어떻게 구축하고, 설정하며, 관리하는지를 쉽게 배우고 익힐 수 있을 것입니다. 다만 AWS의 변화 속도가 너무 빠르기 때문에 AWS 기술 문서를 함께 참고하면 훨씬 더 좋을 것입니다.

이 책이 나오기까지 많은 도움을 주신 에이콘출판사에 깊은 감사를 드리며, 사랑하는 우리 가족에게도 한결같은 감사의 마음을 전하고 싶습니다.

차례

지은이 소개 5

기술 감수자 소개 7

옮긴이 소개 9

옮긴이의 말 10

들어가며 15

1장   AWS 네트워킹 구성 요소를 이용한 시작   25

소개 26

AWS 계정 생성 29

AWS에서 관리자 사용자 생성 36

VPC 생성 및 IPv6 기반 서브넷 생성 39

IPv6 주소를 이용한 EC2 생성 43

EC2 인스턴스상에서 NAT 생성 51

네트워크 인터페이스 사용 방법 57

AWS CLI 환경 설정 60

2장   사용자 맞춤형 VPC 구성   63

소개 64

VPC의 관리 64

퍼블릭 서브넷과 프라이빗 서브넷 관리 68

네트워크 ACL 관리 72

보안 그룹 관리 77

인터넷 게이트웨이 관리 82

NAT 게이트웨이 관리 85

라우팅 테이블 관리 89

EC2 인스턴스 관리 93

3장   VPC의 고급 구성 요소   101

소개 102

한 개의 인스턴스, 한 개의 ENI에 여러 개의 IP를 할당하는 방법 102

네트워크 안에 있는 인스턴스에 액세스하는 방법 105

AWS 외부에서 인스턴스에 접속하는 방법 112

애플리케이션 ELB 생성 116

Launch configuration 생성 121

오토 스케일링 그룹 생성 127

VPC 피어링 생성 134

VPC 피어링 접속 방법 136

Amazon VPC에 대한 VPN 연결 관련 환경 설정 방법 140

4장 글로벌 규모의 인프라스트럭처 환경 구성 방법   151

소개 152

CLI를 이용한 VPC와 서브넷 생성 153

VPN 터널링 – VPC와 데이터 센터 간의 연결망 생성 156

프라이빗 서브넷이 포함된 VPC 생성 및 데이터 센터와의 연결 161

멀티–리전 VPC 통신망 생성 164

VPC를 이용한 프라이빗 DNS 세팅 173

IPv6로 마이그레이션하는 방법 178

5장 인프라스트럭처 자동화 이용   187

소개 188

IaaS 188

생성, 저장, 테스팅 템플릿 – CloudFormation 191

CloudFormation상에서 신규 스택 생성 197

CloudFormation상에서 스택 수정 206

CloudFormation상에서 스택 삭제 217

앤서블 세팅 220

앤서블 설치 222

VPC 생성을 위한 앤서블 플레이북 생성 226

6장 Route 53의 활용   237

소개 238

Route 53 DNS의 동작 원리 239

Route 53에서 지원하는 DNS 리소스 레코드 타입 239

Alias 리소스 레코드 241

라우팅 정책 241

신규 도메인 등록 242

도메인을 Amazon Route 53으로 전송하는 방법 246

호스팅 영역과 레코드 세트 생성 248

퍼블릭 호스팅 영역 삭제 253

Alias 레코드 세트 생성 255

프라이빗 호스팅 영역 생성 257

가중치 기반 라우팅 정책 활용 방법 261

장애 조치 라우팅 정책과 상태 확인 활용 방법 265

7장   클라우드 보안과 네트워크 컴플라이언스   273

소개 274

CloudFront에서 EC2 오리진 세팅 방법 277

CloudFront에서 S3 오리진 세팅 방법 286

Amazon CloudFront를 이용한 지리적 제한 기능 설정 290

CloudFront에서 사용자 맞춤형 에러 메시지 설정 방법 293

CloudWatch 모니터링 세팅 방법 295

ELB와 오토 스케일링 세팅 방법 303

Trusted Advisor 304

로그 정보 보호 방법 – CloudWatch로 로그 데이터 전송 311

CloudTrail 시작하기 322

침입 테스트 요청 방법 325

8장   문제 해결 방법과 VPC 제한 규모들   329

소개 330

IP 주소 중복 문제 해결 330

VPC 내에 있는 EC2 인스턴스 접속 시 문제점들 331

인스턴스에서 접속할 수 없는 인터넷 337

프라이빗 서브넷 인스턴스에서 접속할 수 없는 인터넷(NAT 게이트웨이) ... 340

VPC 삭제 불가 341

VPC Flow Logs 활성화 342

VPC 제한 증가 346

9장   VPC 및 관련 구성 요소들의 요금 정보   351

소개 352

VPC, VPN, NAT 게이트웨이 요금 정보 353

EC2, ELB, Elastic IP 요금 정보 356

Route 53 요금 정보 361

Direct Connect 요금 정보 363

CloudFront 요금 정보 365
WAF, Cloud Shield 요금 정보 367

찾아보기 378

들어가며

클라우드의 수많은 장점이 이미 검증된 상태에서 클라우드가 기본적인 IT 인프라스트럭처를 제공한다는 것은 새삼 강조할 필요가 없을 듯하다. 클라우드 컴퓨팅에서 가장 중요한 것들을 생각해보면 다음과 같다.

- 엄청난 스케일: 대규모 컴퓨팅 인프라스트럭처를 구축하지 않고서도 누구에게든 프로그래밍을 필요로 하는 컴퓨팅 리소스를 가상으로 제공할 수 있다.
- 온-디맨드 액세스: 리소스를 필요할 때 바로 셀프-서비스 형태로 프로비저닝하고 더 이상 필요 없으면 폐기할 수 있다.

그리고 기업이나 조직에서는 다음과 같은 이유로 클라우드 컴퓨팅을 많이 사용한다.

- 애플리케이션의 구매, 프로비저닝, 배포, 관리 등에서 기업의 기민성^{agility}을 높여준다. 또 컴퓨트, 네트워크를 포함한 여러 리소스를 따로 관리하지 않고도 요청에 따라 실시간 기반의 유연한 서비스 및 보안 지원을 통해서도 기민성을 높여준다.
- 자산 소유에 따른 전체 비용, 리소스에 대한 선결제 방식의 투자를 줄여주고, 사용한 만큼의 리소스에 대해서만 비용을 사용하면 된다.
- 소프트웨어 툴과 서비스를 구매하는 대신 클라우드 공급 업체를 통해 제공받아 요구 사항에 맞게 활용할 수 있다.
- 인프라스트럭처 리소스를 빌드하고 배포하는 데 드는 시간을 줄여서 제품 및 서비스를 시장에 출시하는 시간을 단축시킨다.
- 클라우드 제공업체가 여러 데이터 센터를 제공하므로, 신뢰성과 가용성을 높일 수 있다. 데이터 센터에 장애가 발생하더라도 장애 복구 옵션을 사용할 수 있기 때문이다.

이러한 점들이 클라우드에서 서비스를 호스팅할 때 기업이 클라우드 네이티브 접근 방식을 고려하는 이유라 할 수 있다. AWS는 전 세계에서 가장 많이 사용되고 있는 퍼블릭 클라우드 서비스다. 많은 아키텍트와 데브옵스 전문가가 AWS상에서 처음 인프라스트럭처를 구축할 경우 일종의 진입 장벽이 있다. 이 책은 AWS 네트워킹 구성 요소를 생성, 관리, 자동화하는 작업을 손쉽게 따라할 수 있는 실질적인 방법을 제공한다. 또 다양한 AWS 네트워킹 서비스를 가장 잘 사용할 수 있는 방법도 소개한다. AWS를 처음 접하더라도 이 책을 통해 쉽게 시작할 수 있을 뿐만 아니라 AWS 네트워크 관련 서비스를 깊이 있게 배울 수 있을 것이다.

이 책에서 다루는 내용

1장, AWS 네트워킹 구성 요소를 이용한 시작 AWS 계정과 유저를 생성하는 방법을 소개한다. AWS에서 네트워킹 구성 요소를 만들고 EC2 인스턴스를 생성하는 방법도 다룬다. 그리고 AWS CLI의 환경 설정 방법도 설명한다.

2장, 사용자 맞춤형 VPC 구성 AWS의 네트워킹 구성 요소에 대한 필수 절차에 대해 학습한다. 서브넷, 방화벽, 라우팅 등의 구축 방법도 알아본다. 아울러 AWS상에서 동작하는 인스턴스를 생성하고 접속하는 방법도 살펴본다.

3장, VPC의 고급 구성 요소 EC2 인스턴스에 여러 개의 네트워크 인터페이스를 추가하는 방법을 배운다. 또 윈도우 인스턴스, 리눅스 인스턴스에 접속하는 방법도 익힌다. 로드 밸런서를 이용해 고가용성(HA)과 수평적 확장을 지원하는 방법도 설명한다. 리전(region) 하나에서 여러 개의 VPC를 접속하기 위한 방법도 소개한다.

4장, 글로벌 규모의 인프라스트럭처 환경 구성 방법 AWS 리전상에서 VPC에 접속하는 형태 및 데이터 센터와 VPC 간의 통신 채널을 생성하는 방법 등을 통해 어떻게 글로벌 규모의 네트워크 인프라스트럭처를 생성하는지 알아본다. AWS CLI를 통해 네트워크 구성 요소를 생성하는 방법도 소개한다. 또 AWS 리소스가 IPv6와 호환이 되도록 하는 법도 설명한다.

5장, 인프라스트럭처 자동화 이용 VPC, 서브넷, NAT 게이트웨이 같은 네트워크 리소스를 CloudFormation 또는 앤서블^Ansible 등을 사용해 자동화할 수 있는 방법을 소개한다. Cloud Formation과 앤서블을 어떻게 세팅하는지에 대해서도 설명한다. 다양한 샘플 플레이북을 익혀보기 바란다.

6장, Route 53의 활용 DNS 동작 원리와 다양한 라우팅 정책에 대해 알아본다. 도메인을 구매하는 것부터 고가용성을 지원하는 DNS 라우팅 생성하는 방법에 이르기까지 폭넓은 내용을 소개한다. 프라이빗 DNS와 DNS 리소스 모니터링을 어떻게 세팅하는지도 설명한다.

7장, 클라우드 보안과 네트워크 컴플라이언스 (CloudFront, ELB, Auto Scaling Group, CloudWatch, Trusted Advisor, CloudTrail 같은) AWS 서비스를 이용해 DDoS, 포트 스캐닝^port scanning 같은 다양한 해킹 공격을 막아내고 완화시키는 방법을 설명한다.

8장, 문제 해결 방법과 VPC 제한 규모들 다양한 문제 해결 방법 및 이슈를 지원하는 법을 중점적으로 알아본다. 공통 에러 메시지와 환경 설정 문제 등을 다룬다. 또 VPC 리소스의 제한을 늘리기 위해 지원할 수 있는 것들에 대해도 알아본다.

9장, VPC 및 관련 구성 요소들의 요금 정보 AWS에서 구축하는 인프라스트럭처의 비용을 어떻게 계산하는지 소개한다.

준비 사항

이 책은 리눅스 운영 체제와 클라우드 컴퓨팅에 대한 기본 지식이 있음을 전제로 한다. AWS의 다양한 네트워킹 구성 요소를 구축하는 방법을 자세히 다룬다. 따라서 네트워킹 및 가상화 개념에 대해 잘 이해하고 있어야 한다. 네트워크 관련 실무 경험 또는 경력이 있다면 대단히 유리하다.

네트워크 구성 요소를 위한 이 책에서 소개하는 해결 방안 대부분은 AWS에서 제공하는 것들이고 AWS 콘솔에 접속한 상태여야 한다. 따라서 인터넷에 네트워크 접속이 잘돼 있어야 한다. 또 일부 해결 방안들은 로컬 시스템에서 동작하는 것들도 있는데, 이들은 경량화^{lightweight}돼 있으며 적절한 환경 설정을 바탕으로 노트북 PC 또는 데스크탑 PC 등에서 실행 가능하다. 하드웨어 및 가상 환경에 대한 인프라 관점의 최소 사양은 다음과 같다.

- 4 코어 CPU
- 8GB RAM 메모리
- 80GB 이상의 디스크 공간

또한 다음과 같은 소프트웨어가 필요하다.

- AWS 툴 - AWS CLI
- PuTTY, PuTTYgen
- 인터넷 브라우저
- 앤서블
- 파이썬 2.7+
- pip
- EPEL 저장소
- curl/wget

이 책의 대상 독자

이 책을 보기 전에 클라우드와 네트워크에 대한 기본 지식을 갖추고 있어야 한다. 그렇지 않다면 https://aws.amazon.com/documentation/에서 제공하는 AWS 문서들을 통해 기본 구성 요소들을 충분히 익히기 바란다. 이 책에서는 주 내용인 AWS 서비스 외에도 많은 내용을 다루고 있다. 이 책은 AWS 클라우드에서 기본적인 인프라스트럭처 생성을 빠르게 시작하고 싶은 AWS 개발자, 아키텍트, 네트워크 전문가, 데브옵스 엔지니어에게 적합하다. AWS 콘솔과 (CloudFormation, 앤서블 같은) 자동화 툴을 이용해 프로덕션 단계에서 글로벌 규모의 인프라스트럭처를 생성하는 방법도 알려준다.

절

이 책에는 자주 나타나는 여러 제목(준비하기, 수행 방법, 동작 원리, 추가 정보, 참고 항목)이 있다. 레시피 작성법에 대한 명확한 지침을 제공하기 위해 다음과 같은 절을 사용한다.

준비하기

레시피에서 기대할 수 있는 것을 알려주고 레시피에 필요한 소프트웨어 또는 사전 설정을 준비하는 방법을 설명한다.

수행 방법

레시피를 수행하는 데 필요한 단계가 포함돼 있다.

동작 원리

일반적으로 이전 절에서 발생한 일에 대한 자세한 설명으로 구성된다.

추가 정보

독자가 레시피에 대해 더 잘 이해할 수 있도록 하기 위해 레시피에 대한 추가 정보로 구성된다.

참고 항목

레시피에 대한 다른 유용한 정보에 대한 유용한 링크를 제공한다.

편집 규약

독자의 이해를 돕고자 다루는 정보에 따라 글꼴 스타일을 다르게 적용했다. 다음은 이러한 스타일의 예와 그 의미에 대한 설명이다.

본문에서 코드 단어는 다음과 같이 표시한다.

"데스티네이션에 0.0.0.0/0을 추가한다."

코드 단락은 다음과 같이 표시한다.

```
#!/bin/bash
yum update -y
yum update -y httpd24 php56 mysql55-server php56-mysqlnd
import matplotlib.pyplot as plt
service httpd start
chkconfig httpd on
groupadd
```

코드 단락의 특정 부분에 주의를 환기하고자 할 때 관련 항목을 굵게 표시한다.

```
[root@ansible playbook]# vim awsvpc.yml
---
- name: Create VPC
hosts: localhost
gather_facts: no
roles:
- vpc
```

새로운 용어, 중요한 용어들은 굵은 글씨로 표시했다. 예를 들어 화면에 나타난 단어 중, 메뉴 또는 대화 창에서 다음과 같은 텍스트가 나타난다.

"Create an AWS Account 버튼을 클릭한다."

 경고나 중요한 노트는 이와 같이 나타낸다.

팁과 요령은 이와 같이 나타낸다.

독자 의견

독자 의견은 언제나 환영한다. 좋은 점 또는 고쳐야 할 점에 대한 솔직한 의견을 말해주 길 바란다. 독자 의견은 우리에게 매우 중요하다. 앞으로 더 좋은 책을 발행하는 데 큰 도 움이 되기 때문이다.

일반적인 의견을 보내려면 전달하고자 하는 내용에 책 제목을 달아 feedback@packtpub. com으로 이메일을 보내면 된다.

여러분이 전문 지식을 가진 주제가 있고 책을 내거나 만드는 데 기여하고 싶다면 http:// www.packtpub.com/authors에서 저자 가이드를 참조하길 바란다.

고객 지원

독자에게 최대의 혜택을 주기 위한 몇 가지 서비스를 제공받을 수 있다.

예제 코드 다운로드

이 책에서 사용된 예제 코드는 http://www.packtpub.com/support를 방문해 이메일 을 등록하면 파일을 직접 받을 수 있으며, 이 링크를 통해 원서의 Errata도 확인할 수 있다. 또한 https://github.com/PacktPublishing/AWS-Networking-Cookbook에서 다운 로드할 수 있으며, 에이콘출판사의 도서정보 페이지인 http://www.acornpub.co.kr/ book/aws-networking에서도 예제 코드를 다운로드할 수 있다.

컬러 이미지 다운로드

이 책에서 사용된 스크린샷과 다이어그램의 컬러 이미지를 PDF 파일로 제공한다. 컬러 이미지는 결과물의 변화를 이해하는 데 도움이 될 것이다. https://www.packtpub.com/sites/default/files/downloads/AWSNetworkingCookbook_ColorImages.pdf에서 PDF 파일을 다운로드할 수 있다. 에이콘출판사의 도서정보 페이지인 http://www.acornpub.co.kr/book/aws-networking에서도 컬러 이미지를 다운로드할 수 있다.

정오표

오타 없이 정확하게 만들기 위한 모든 수단을 동원해 책을 만들지만 실수가 있을 수 있다. 문장이나 코드에서 문제를 발견했다면 우리에게 알려주기 바란다. 다른 독자들의 혼란을 방지하고 차후 나올 개정판을 개선하는 데 도움이 되기 때문이다. 오류를 발견했다면 http://www.packtpub.com/submit-errata에서 책 제목을 선택하고 Errata Submission Form 링크를 클릭해 자세한 내용을 입력할 수 있다. 보내준 오류 내용이 확인되면 웹사이트에 그 내용이 올라가거나 해당 서적의 정오표 부분에 그 내용이 추가될 것이다.

기존 오류 수정 내용은 https://www.packtpub.com/books/content/support 검색창에 책 제목을 입력해보라. Errata 절 하단에 필요한 정보가 나타날 것이다.

한국어판은 에이콘출판사의 도서정보 페이지 http://www.acornpub.co.kr/book/aws-networking에서 찾아볼 수 있다.

저작권 침해

인터넷에서의 저작권 침해는 모든 매체에서 벌어지고 있는 심각한 문제다. 팩트출판사에선 저작권과 라이선스 보호를 매우 심각하게 인식하고 있다. 어떤 형태로든 팩트출판사 서적의 불법 복제물을 인터넷에서 발견했다면 적절한 조치를 취할 수 있도록 해당 주소나 사이트명을 알려주길 바란다.

의심되는 불법 복제물 링크를 copyright@packtpub.com으로 보내주길 바란다. 저자를 보호하고 가치 있는 내용을 계속 만들 수 있도록 도와주는 독자 여러분의 마음에 깊은 감사의 뜻을 전한다.

질문

이 책과 관련해 어떠한 종류의 질문이라도 있다면 questions@packtpub.com으로 문의하길 바란다. 최선을 다해 질문에 답하겠다. 한국어판에 관한 질문은 에이콘출판사 편집팀(editor@acornpub.co.kr)으로 문의해주길 바란다.

01

AWS 네트워킹 구성 요소를 이용한 시작

1장에서는 다음 주제를 다룬다.

- AWS에서 계정 생성
- AWS에서 관리자 사용자 계정 생성
- VPC 생성, IPv6 기반 서브넷 생성
- IPv6 주소로 EC2 인스턴스 생성
- EC2 인스턴스상에서 NAT 생성
- 네트워크 인터페이스를 이용한 작업
- AWS CLI 환경 설정

소개

퍼블릭 클라우드 컴퓨팅은 인터넷상에서 접속이 가능한 서비스다. 퍼블릭 클라우드에서는 분산 컴퓨팅 리소스상에서 애플리케이션과 데이터 호스팅을 위한 공유 기반의 리소스를 제공한다. 클라우드 공급업체에서는 컴퓨터 서버, 스토리지, 네트워크, 애플리케이션 플랫폼을 위한 서비스 풀 외에도 고객이 필요로 할 때 고객에게 할당하는 소프트웨어 서비스를 제공한다. 또 클라우드 공급업체는 컴퓨팅 리소스 관리에 대한 책임을 지고 있으며 이를 통해 고객은 애플리케이션이나 서비스를 빠르게 구축하는 데 집중할 수 있다. AWS는 전 세계에서 가장 큰 퍼블릭 클라우드 서비스 회사다.

AWS는 우리가 다룰 네트워크 서비스 대부분을 무료로 제공하고 있다. 아울러 고객이 소규모로 다른 서비스들을 추가 비용 없이 실험해볼 수 있도록 하고 있다. 이 책 전반에 걸쳐 제공되는 레시피를 실행시키려면 AWS의 계정과 권한이 있어야 한다. 서비스를 만들려면 약간의 비용이 들 수 있다. 따라서 여러 가지 서비스를 위한 AWS 요금 정보(http://aws.amazon.com/pricing/services/)를 보고, 레시피를 실행시켰을 때 비용이 어느 정도 나올지 예상해보는 것이 좋다.

다양한 AWS 네트워크 서비스

이 절에서는 AWS 클라우드의 빌딩 블록building block을 이해하는 데 초점을 맞춰 설명한다. 이 책을 공부하면서 다음 구성 요소들을 사용하고 생성도 하게 될 것이다.

- **리전**Region: AWS 클라우드는 복수 개의 AZ(가용 영역)로 구성된 리전을 20개(2019년 3월 기준) 운영하고 있으며 전 세계적으로 새로운 위치에 이들을 지속적으로 세우고 있다. 각 리전은 다른 리전과 완전히 격리돼 있다. 네트워크 구성 요소를 생성하기 위해서는 1개의 리전을 선택해야 한다.
- **AZ**Availability Zone, 가용 영역: AWS 클라우드의 각 리전은 AZ라는 물리적으로 격리돼 있고 분리돼 있는 복수 개의 데이터 센터를 보유하고 있다. 일부 네트워크 구성 요

소는 VPC처럼 리전 내의 여러 AZ에 걸쳐 확장된다. 서브넷 같은 구성 요소는 AZ 내부로 제한된다. AWS는 플랫폼 서비스^{Platform as a Service, PaaS} 형태의 다양한 네트워크 서비스를 제공하고 있다. 다음의 예를 보자.

- ○ @ Route 53: 확장성과 가용성이 우수한 분산형 DNS^{Domain Name System}이다.
- ○ @ Direct connect: AWS VPC와 사용자의 데이터 센터 간에 낮은 지연 시간과 높은 대역폭을 제공하는 네트워크 연결 서비스다.
- ○ @ ELB: AWS에서 제공하는 고가용성^{HA, High Availability}과 확장성을 지닌 로드밸런싱 서비스다.
- ○ @ AWS VPC: VPC는 데이터 센터 내의 네트워크처럼 AWS 클라우드에서 구축되는 가상 네트워크 환경이다. (동일 계정에서 생성됐든 다른 계정에서 생성됐든 간에) 하나의 VPC는 다른 VPC와 완전히 격리돼 있다. VPC의 CIDR^{Classless Inter-Domain Routing} 범위를 필요한 만큼 선택하고, 이 범위 내에서 IP 주소를 할당한 EC2 인스턴스를 생성할 수 있다. 기존의 네트워크 관점에서 가상 라우팅 및 포워딩^{VRF, Virtual Routing and Forwarding}이 AWS에서 VPC와 동일한 것으로 보면 된다. 반면 VLAN은 서브넷과 유사하다. 분리된 VLAN 또는 서브넷 내에서 EC2 인스턴스들을 격리시킬 수 있다.

다음 그림은 기본적인 VPC 구성 요소를 보여주고 있는데, 인터넷 게이트웨이^{IGW}, 가상 프라이빗 게이트웨이^{VGW}, 라우터, 라우팅 테이블, 서브넷, 네트워크 ACL^{NACL}, 보안 그룹^{Security Group} 등을 포함하고 있다.

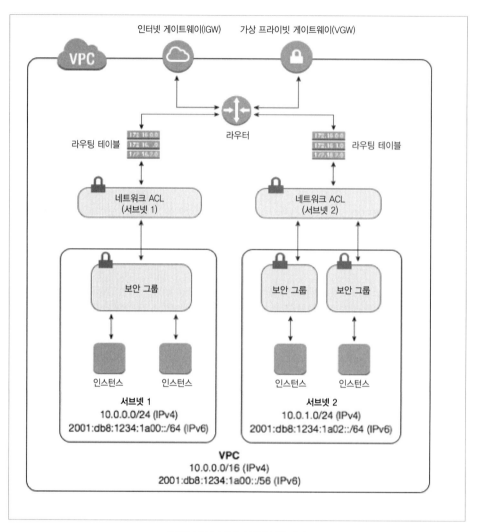

AWS VPC – 개념 수준의 구성 요소

출처: http://docs.aws.amazon.com/AmazonVPC/latest/UserGuide/images/security-diagram.png

AWS 계정 생성

이제 AWS 계정 생성에 대해 알아보자(이미 AWS 계정이 있으면 이 절은 건너뛰어도 된다).

준비 사항

신용카드 정보를 준비한다.

수행 방법

> ⓘ 화면의 인터페이스가 이 책의 설명과 다를 경우, AWS 홈페이지의 최신 가이드를 기준으로
> AWS 계정을 생성하기 바란다.

1. 웹 브라우저에서 https://aws.amazon.com/account/ 사이트를 연다.
2. **무료 계정 생성**Create an AWS Account 버튼을 클릭한다(홈페이지 맨 아래에 있다).
3. 다음 그림과 같은 웹 페이지가 나타날 것이다. 이메일 주소를 입력하고 암호, AWS 계정 이름 등을 가이드를 참고해 입력한다. 여기서 입력한 이메일 ID는 이 계정에 대한 소유자 내지는 루트 사용자Root user로 취급된다. 따라서 이 계정에서 모든 것을 할 수 있는 독점 권한을 갖는다. 필요한 상세 정보를 입력하고 '(필수) **동의하고 계정 만들기**' 버튼을 클릭한다.

AWS 계정 생성

12개월 프리 티어 액세스 포함
AWS 계정

Amazon EC2, Amazon S3 및 Amazon DynamoDB 사용 포함

제안 약관 전문은 **aws.amazon.com/free** 참조

이메일 주소

암호

암호 확인

AWS 계정 이름 ⓘ

- **수집하는 개인정보의 항목:** 이름, 사용자 아이디, 인증 및 보안 자격 증명, 전화 번호, 주소, 이메일 주소, IP주소, 쿠키, 브라우저와 기기의 식별자, 결제 수단 정보(신용카드 정보 또는 은행계좌 정보), 납세 자 등록 번호

- **개인정보의 수집·이용 목적:** AWS 계정의 생성 및 관리, AWS 서비스의 제공, AWS 서비스의 개선, 대금 결제, 고객의 AWS 계정 또는 서비스에 관한 의사소통 및 고객 요청 대응

- **개인정보의 보유·이용 기간:** 고객의 개인정보는 AWS와의 비즈니스 관계가 유지되는 동안 그리고, AWS의 법적 의무, 분쟁 해결 및 계약 이행에 필요 한 기간 동안만 보유됩니다. 또한, AWS는 AWS의 데이터 보존 정책 및 관련 법률에 따라 고객 개인 정 보를 삭제합니다.

'(필수) 동의하고 계정 만들기' 버튼을 클릭하면 위의 개 인 정보 수집 및 이용에 대한 조건을 읽고 동의하는 것 을 의미합니다.

[(필수) 동의하고 계정 만들기]

기존의 AWS 계정으로 로그인

계정 생성 – 이메일 주소 입력

4. 계정을 위한 추가 정보를 입력한다.

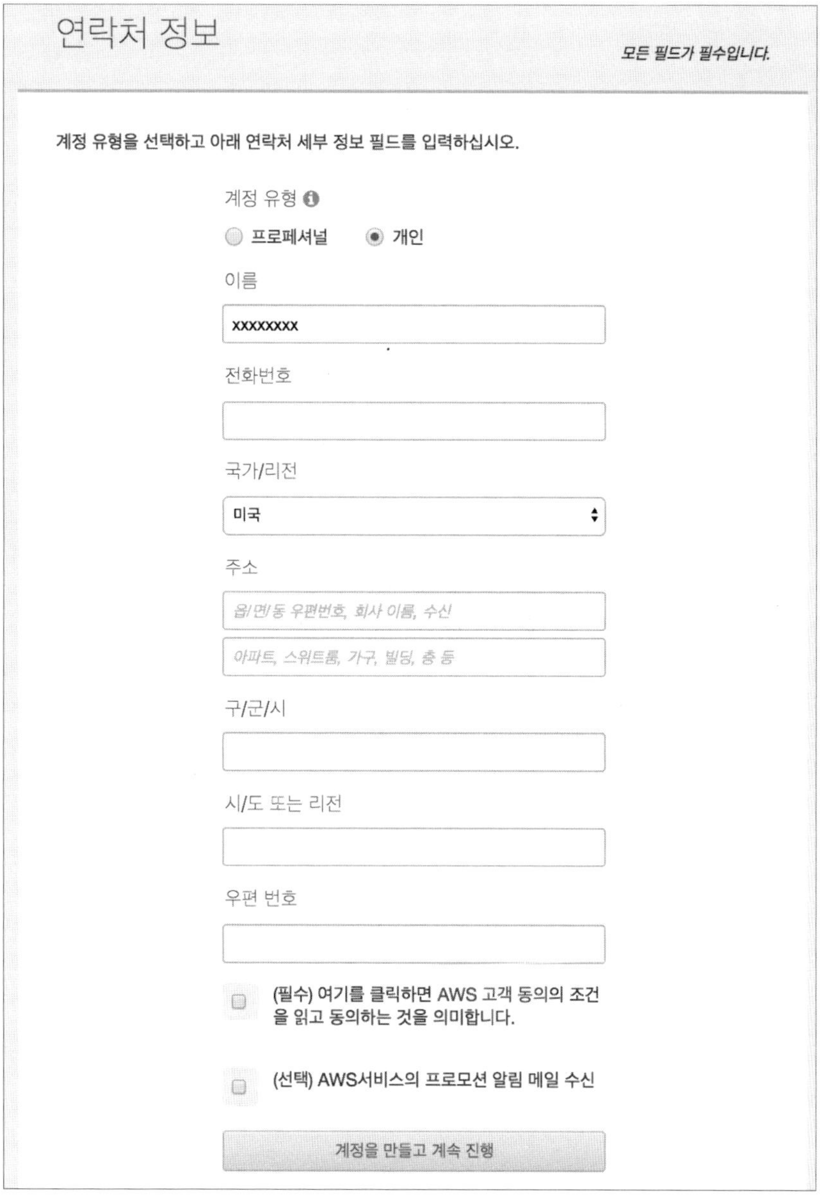

계정 생성 – 연락처 정보 입력

5. 비용 관련 정보를 입력한다.

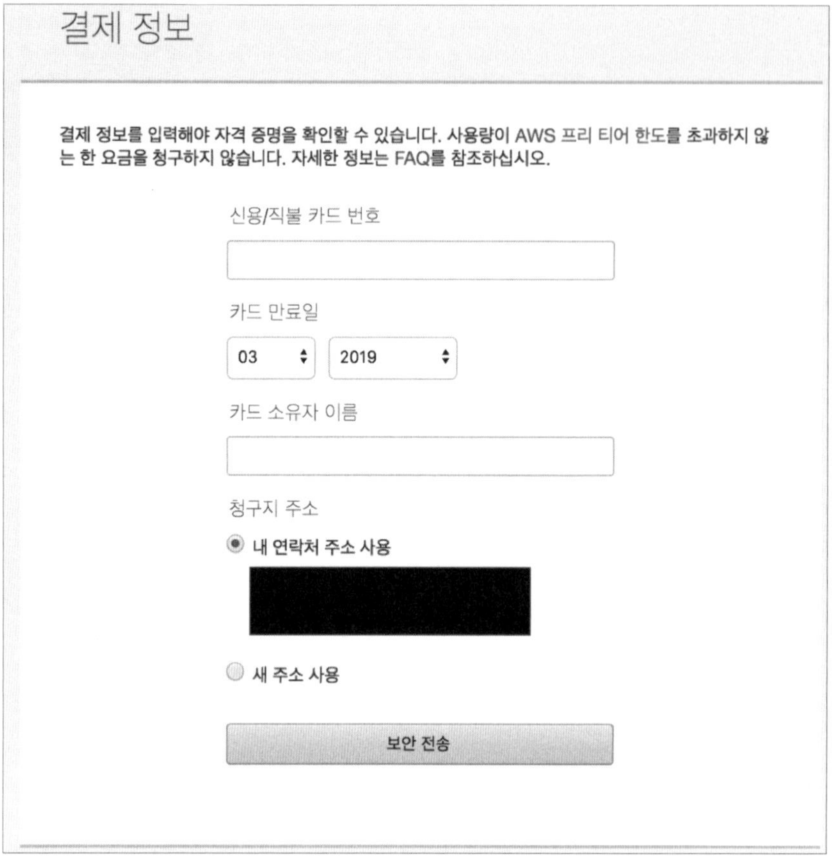

결제 정보

결제 정보를 입력해야 자격 증명을 확인할 수 있습니다. 사용량이 AWS 프리 티어 한도를 초과하지 않는 한 요금을 청구하지 않습니다. 자세한 정보는 FAQ를 참조하십시오.

신용/직불 카드 번호

카드 만료일

03 ⬍   2019 ⬍

카드 소유자 이름

청구지 주소

◉ 내 연락처 주소 사용

○ 새 주소 사용

보안 전송

계정 생성 – 결제 정보 입력

6. ID 검증 확인 정보를 입력한다. AWS에서 자동으로 휴대 전화로 연락이 오는데, 이때 화면에 나타난 검증 확인 코드가 키^{Key}로 필요하다.

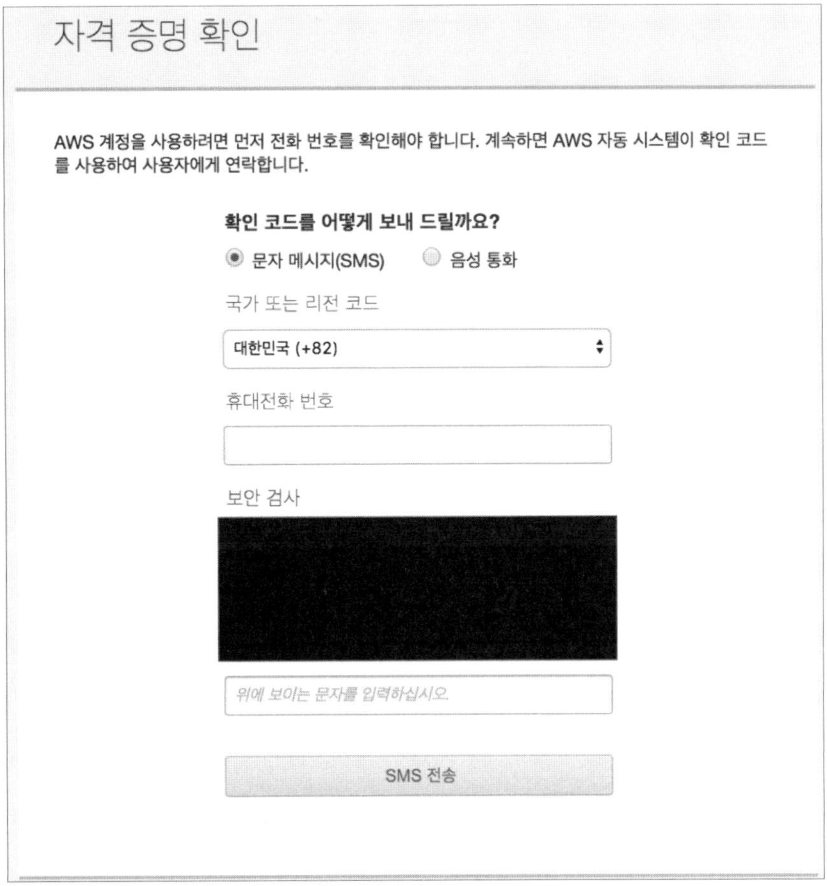

자격 증명 확인

AWS 계정을 사용하려면 먼저 전화 번호를 확인해야 합니다. 계속하면 AWS 자동 시스템이 확인 코드를 사용하여 사용자에게 연락합니다.

확인 코드를 어떻게 보내 드릴까요?

◉ 문자 메시지(SMS)   ○ 음성 통화

국가 또는 리전 코드

| 대한민국 (+82) | ⬍ |

휴대전화 번호

보안 검사

위에 보이는 문자를 입력하십시오.

SMS 전송

계정 생성 - ID 검증 확인

7. 지원 플랜을 선택하고 계속을 클릭한다.

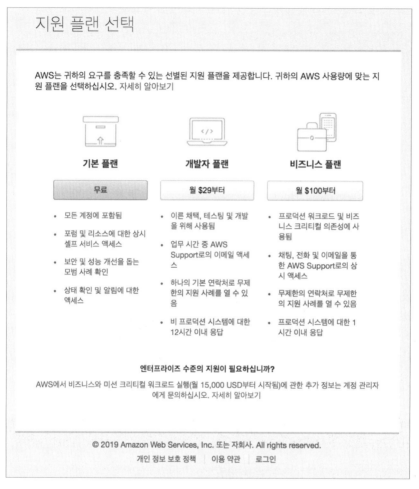

계정 생성 – 지원 플랜 선택

8. 이제 환영 메시지가 화면에 나타날 것이다. Sign In to the Console 버튼을 클릭하면 로그인이 될 것이다. 계정 생성에 대한 이메일 확인 메시지도 받을 것이다.

계정 생성 - 등록 확인

9. 로그인을 하고 나면, 다음과 같은 화면이 나타날 것이다.

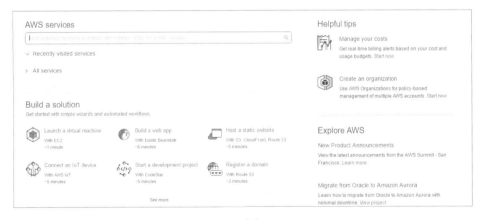

AWS 대시보드

계정을 삭제하기로 했다면, 해당 계정으로 로그인한 후 계정을 삭제하면 된다. 다음 그림을 통해 확인한다.

▼Close Account

☑ I understand that by clicking this checkbox, I am willing to close my AWS account. Monthly usage of certain AWS services is calculated and billed at the beginning of the following month. If you have used these types of services this month, then at the beginning of next month you will receive a bill for usage that occurred prior to termination of your account. If you own a Reserved Instance for which you have elected to pay in monthly installments, when your account is closed you will continue to be billed your monthly recurring payment until the Reserved Instance is sold on the Reserved Instance Marketplace or it expires.

Close Account

계정 삭제

AWS에서 관리자 사용자 생성

일단 계정이 생성되면, 관리자 사용자admin user를 생성하고 비용 관련 정보를 처리할 때를 제외하고는 어떤 작업에도 이 계정을 사용하지 않도록 한다(보안을 위해). 모든 사용자에 대해 강력한 비밀번호 정책과 **다중-팩터 인증**MFA, multi-factor authentication이 설정돼야 한다. 관리자 사용자admin user를 어떻게 만드는지 단계적으로 알아볼 것이다. AWS에서 다양한 네트워크 구성 요소에 대한 레시피를 실행시키기 위해 사용자 자격 증명user credential을 이용할 것이다. 프로덕션 목적으로 AWS에서 사용자를 생성하고 관리할 경우 더욱 엄격한 프로세스와 방법을 준수해야 한다.

준비 사항

사용자 자격 증명을 이용해 AWS 계정에 로그인한다.

1. 웹 브라우저 주소창에 https://console.aws.amazon.com/iam/을 입력해 IAM
   Identity and Access Management 서비스를 선택한다. 루트 사용자가 아닌 다른 사용자로
   콘솔에 액세스할 경우 다음과 같은 URL이 나타날 것이다.

AWS 콘솔 로그인 URL

2. 왼쪽 메뉴에서 Users를 클릭한 다음 Add user 버튼을 클릭한다.

사용자 대시보드

3. 선택한 사용자 이름을 입력한다. Programmatic과 console access 둘 다 선택한
   다. 이외에 관련 옵션들을 선택한 다음 Next: Permission 버튼을 클릭한다.

IAM에서 사용자 추가

4. Attach existing policies directly 옵션을 선택한다. AdministratorAccess를 선택한 다음 Next: Review 버튼을 클릭한다.

접근 권한 선택

5. 세부 사항을 검토한 후, Create User 버튼을 클릭한다.

사용자 생성 검토

6. 안전한 곳에 .csv 파일을 다운로드해 저장한다. 이 파일에는 사용자 액세스 키 access key와 콘솔 로그인 링크가 담겨 있다. 사용자 액세스 정보는 프로그램 또는 CLI를 통해 AWS 서비스 액세스에 필요하다. 이 책의 뒷부분에서 사용할 것이다.

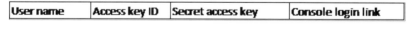

User name	Access key ID	Secret access key	Console login link

사용자 액세스 키 세부 사항

추가 정보

추가 정보

사용자 액세스 세부 사항은 커맨드라인 인터페이스CLI, Command Line Interface를 통해 AWS 액세스에 사용될 수 있다. 관련 스크립트는 CLI를 사용해 작성될 수 있고 AWS 인프라스트럭처를 관리하기 위한 코드로 사용될 수 있다.

VPC 생성 및 IPv6 기반 서브넷 생성

이 절에서는 빠르게 시작하기 위해 마법사Wizard를 이용해 VPC와 서브넷을 생성한다.

준비 사항

VPC와 서브넷 생성을 위한 적절한 권한을 지닌 AWS 계정과 사용자가 필요하다.

수행 방법

1. AWS 계정으로 로그인한다. 그림과 같은 AWS 서비스에서 **VPC**를 선택한다.

AWS 콘솔에서 VPC 선택

2. Start VPC Wizard 버튼을 클릭한다.

VPC 대시보드

3. VPC 마법사에 대해 4가지 옵션이 나타날 것이다. 여기서는 처음 VPC와 서브넷을 생성하므로 첫 번째 옵션을 선택한다. 그림과 같은지 확인한 후, **Select** 버튼을 클릭한다.

VPC 마법사

4. VPC에 대해 IPv6를 활성화하도록 Amazon provided IPv6 CIDR block을 선택한다. 드롭 다운 메뉴 Public subnet's IPv6 CIDR에 있는 서브넷에 대해, **Specify a custom IPv6 CIDR**을 선택한다. VPC와 서브넷 이름을 참고한다. 나머지 옵션은 그대로 둔다. 그리고 **Create VPC** 버튼을 클릭한다.

VPC 생성, IPv6 기반 서브넷 생성

5. 성공적으로 생성됐다는 메시지가 나타날 것이다.

VPC 생성, 서브넷 생성 성공 메시지

6. 왼쪽 메뉴에서 **Your VPCs**를 클릭하면 VPC가 나타날 것이다. 세부 사항을 확인하기 위해 해당 VPC를 선택하면, **네트워크 ACL**과 **라우팅 테이블**^{Route table}이 자동으로 생성된 것을 볼 수 있을 것이다.

생성된 VPC 요약 정보

7. 왼쪽 메뉴에서 **Subnets**를 클릭하면 방금 생성된 서브넷이 화면에 나타날 것이다. 세부 사항 확인을 위해 해당 서브넷을 선택하면, 마찬가지로 **네트워크 ACL**과 **라우팅 테이블**이 자동으로 생성된 것을 볼 수 있을 것이다.

생성된 서브넷 요약 정보

8. Route Table 탭을 클릭해 라우팅 테이블에 4개의 엔트리가 포함돼 있는지 확인한다. 2개는 내부 통신을 위한 IPv4 주소와 IPv6 주소이고, 나머지 2개는 IPv4와 IPv6으로 외부와 통신하기 위한 인터넷 게이트웨이(igw로 시작한다)이다.

생성된 서브넷의 라우팅 테이블

9. 네트워크 ACL을 클릭해 IPv4와 IPv6 모두 전체 네트워크 트래픽을 허용하고 있는지 확인한다. 이 책의 뒷부분에서 이 룰rule을 어떻게 설정하는지 다룬다.

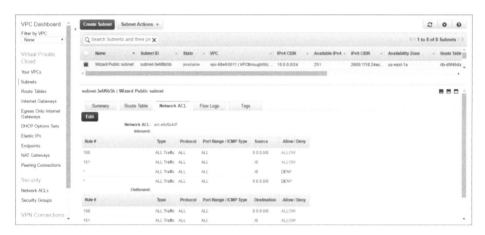

생성된 서브넷의 네트워크 ACL

IPv6 주소를 이용한 EC2 생성

이 절에서는 마법사^{Wizard}를 이용해 생성한 VPC와 서브넷 안에서 IPv6를 이용해 EC2 인스턴스를 생성한다. EC2는 IaaS 형태로 제공되는 AWS의 가상 머신이다. EC2 인스턴스 생성을 위해 AMI^{Amazon Machine Image}라는 여러 가지 가상 머신 이미지를 선택할 수도 있고, 여러분이 직접 AMI를 만들 수도 있다. 여기서 하는 작업을 제대로 완료하면 테스트용 웹 서버도 설치돼 있을 것이다.

준비 사항

EC2 인스턴스 생성을 위해 적절한 접근 권한을 지닌 AWS 계정과 사용자가 필요하다.

수행 방법

1. AWS 계정으로 로그인한다. 그림과 같이 AWS 서비스에서 **EC2**를 선택한다.

EC2 서비스 선택

2. 브라우저에 EC2 대시보드가 나타날 것이다. EC2 대시보드에서 Launch Instance
를 클릭한다.

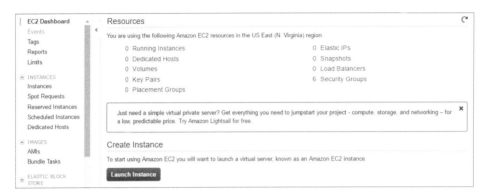

EC2 대시보드

3. 전체 목록 중 맨 위에 있는 Amazon Linux AMI를 선택한다.

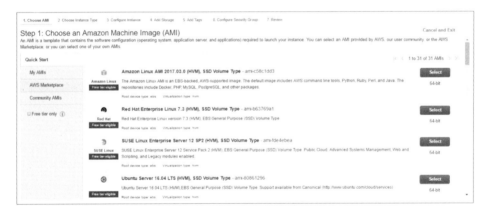

AMI 선택

4. vCPU와 메모리 사양에 따라 여러 가지 옵션으로 구성된 매우 많은 인스턴스 타입이 있다. 여기서는 t2.micro를 선택하고 Next: Configure Instance Details를 클릭한다.

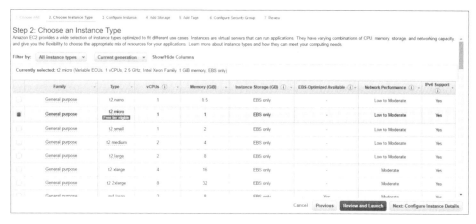

인스턴스 타입 선택

5. Network 항목에 대해 앞에서 생성한 VPC를 선택한다. Subnet 항목은 우리가 생성해 놓은 서브넷을 선택한다. Auto-assign Public IP에서는 Enable을 선택한다. Auto-assign IPv6 IP 항목도 Enable을 선택한다. 그런 다음 Next: Add Storage를 클릭한다.

네트워크 선택

6. Advanced Details를 클릭한 다음, 텍스트 창에 다음 스크립트를 입력한다. 이것은 일종의 사용자 데이터로, EC2의 운영체제^{os}에 따라 다양하게 작성될 수 있다. 인스턴스가 처음 생성될 때 이 스크립트가 실행된다. 다음 코드는 리눅스에서 실행시킬 수 있는 스크립트다. (이 스크립트가 실행되면) 서버 내에 아파치, PHP, MySQL을 설치할 것이다. 또 EC2가 가동되면 아파치 웹 서버가 동작을 시작할 것이다.

```bash
#!/bin/bash
yum update -y
yum install -y httpd24 php56 mysql55-server php56-mysqlnd
service httpd start
chkconfig httpd on
groupadd www
usermod -a -G www ec2-user
chown -R root:www /var/www
chmod 2775 /var/www
find /var/www -type d -exec chmod 2775 {} +
find /var/www -type f -exec chmod 0664 {} +
echo "<?php phpinfo(); ?>" > /var/www/html/phpinfo.php
```

7. 화면의 기본 옵션을 그대로 유지한다. 그런 다음 Next: Add Tags를 클릭한다.

스토리지 추가

8. Add another tag 버튼을 클릭한다. Key에는 Name을, Value에는 MyFirstEC2라고
입력한다. 다음으로 Next: Configure Security Group을 클릭한다.

태그 추가

9. Security group name과 Description을 입력한다. 기본값으로 SSH는 모든 IP 주소
에 대해 액세스를 허용한다. Source에는 다음과 같이 2개의 CIDR 대역^{range}이 있
는데, 0.0.0.0/0는 모든 IPv4 주소를 허용함을 의미하고 ::/0은 모든 IPv6 주소를
허용함을 의미한다. 원래는 이렇게 인터넷 전체에 대해 서버의 액세스를 허용하
도록 두면 안 되지만, 편의상 여기서는 이 상태로 작업하기로 하자. 이제 Review
and Launch 버튼을 클릭한다.

보안 그룹 설정

10. 앞에서 설정한 내용을 전체적으로 검토한 후 Launch 버튼을 클릭한다.

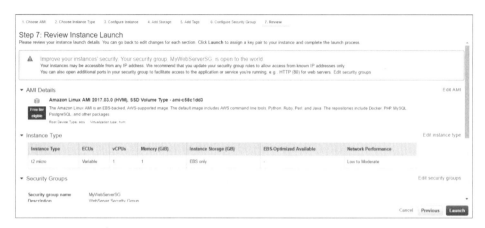

인스턴스 생성 검토

11. 이 단계에서 키 페어^{key pair}를 생성할 수 있다. EC2에 로그인하기 위해서는 키 정보가 있어야 한다. **Download Key Pair**를 클릭해 키 페어 파일을 안전한 곳에 저장한다. 이제 **Launch Instances** 버튼을 클릭한다.

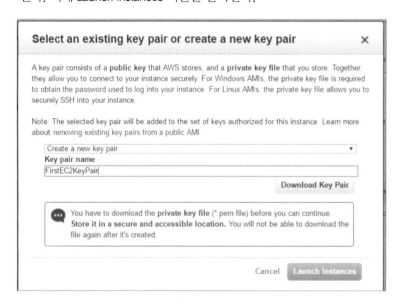

키 페어 생성

12. EC2 인스턴스 ID가 포함된 생성이 성공적으로 시작됐음을 알리는 메시지를 볼 수 있다. ID를 클릭하면 EC2 콘솔로 이동할 것이다. 몇 분 정도 지나면 인스턴스가 동작하고 있을 것이다.

인스턴스 생성 상태

13. (EC2 대시보드 아래에서) **Public DNS(IPv4)**와 **IPv6 IPs**를 확인할 수 있다. EC2상에서 실행 중인 웹 페이지에 액세스하기 위한 URL을 http://DNS(IPv4)/phpinfo.php 형태로 생성할 수 있다. URL 중간의 **DNS(IPv4)**에 콘솔에서 여러분의 인스턴스에 생성된 것을 입력한다. 브라우저를 열고 URL을 입력해보기 바란다.

EC2 인스턴스 관련 상세 정보

14. EC2 인스턴스상에서 구축한 웹 서버의 페이지를 확인할 수 있다.

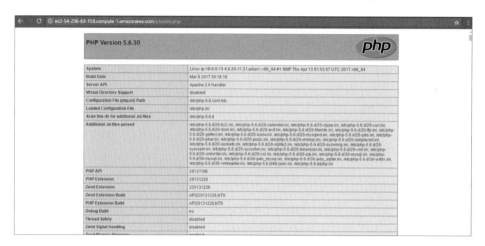

EC2상의 샘플 웹 페이지

동작 원리

앞서 본 VPC와 서브넷으로 구성된 네트워크 ACL에서는 모든 트래픽을 허용하고 있다. 인스턴스의 보안 그룹에서는 들어오는 모든 트래픽에 대해 80포트의 HTTP 프로토콜만 열어 놓았다. 우리가 생성한 EC2 인스턴스의 서브넷에는 인터넷 게이트웨이^{IGW, Internet Gateway}가 붙어 있다. phpinfo.php라는 페이지로 웹사이트에 액세스하도록 인스턴스 생성 과정에서 아파치 웹 서버, PHP, MySQL을 설치했다. VPC, 서브넷, EC2에서 IPv4와 IPv6을 활성화해놨기 때문에, EC2에 이들이 할당됐다. 그 결과 EC2가 생성된 후 URL을 이용해 웹사이트에 액세스가 가능해졌다. DNS 이름은 AWS Route 53을 통해 해결된다.

EC2 인스턴스상에서 NAT 생성

여기서는 퍼블릭 서브넷에서 생성된 EC2 NAT 인스턴스를 생성하는 방법을 알아본다. 프라이빗 서브넷에는 어태치attach할 인터넷 게이트웨이가 없으므로, 프라이빗 서브넷상에 있는 EC2 인스턴스는 외부와 직접 통신할 수 없다.

준비 사항

EC2상에 NAT 인스턴스 생성을 위해 적절한 권한을 지닌 AWS 계정과 사용자가 필요하다. 앞에서 본 레시피와 동일한 방법으로 EC2를 생성한다. 다만, **Choose Network** 페이지에 있는 **Advanced Details**에 아무것도 넣지 말기 바란다. 보안 그룹 페이지에서는 NATSG 보안 그룹을 생성하고 다음과 같은 룰을 인스턴스에 어태치한다. 지금은 편의상 모든 트래픽을 허용하도록 설정했지만, 나중에 (실제로 활용할 경우) 필요한 CIDR 범위만 설정하도록 한다.

NATSG: Rules

인바운드			
Type	Protocol	Port range	Source
HTTP	TCP	80	0.0.0.0/0 and ::/0
HTTPS	TCP	443	0.0.0.0/0 and ::/0
SSL	TCP	22	0.0.0.0/0 and ::/0
아웃바운드			
Destination	Protocol	Port range	Source
All traffic	TCP	ALL	0.0.0.0/0 and ::/0

이 인스턴스를 위해 앞에서 생성해 놓은 키 페어를 그대로 사용해도 된다. **Add tag** 페이지에서, **Key**에 대해서는 **Name**을, **Value**에 대해서는 **Nat Instance**라고 입력한다. 아울러 NAT 인스턴스에 어태치하기 위한 Elastic IP도 만들어야 한다. 이어서 설명할 레시피를 참고한다.

1. EC2 콘솔의 Instances 섹션에서 보듯이 하나 이상의 EC2 인스턴스를 생성했다.

NAT를 위해 생성한 EC2

2. 왼쪽 메뉴 바에서 Elastic IPs를 클릭한다.

Elastic IP 대시보드

3. Allocate new address를 클릭한다.

Elastic IP 생성 페이지

4. Allocate를 클릭한다.

Elastic IP 생성 완료 페이지

5. Close를 클릭한다. Elastic IP 페이지가 나타날 것이다. Elastic IP를 선택하고 Actions > Associate address를 클릭한다.

Elastic IP 액션 메뉴

6. Resource type에서 Instance를 선택한다. Instance 드롭 다운 메뉴에서 (앞에서 생성한) NAT Instance를 선택한 다음, Associate 버튼을 클릭한다. 성공적으로 연동됐다는 메시지가 나타날 것이다.

EC2와 Elastic IP 연동

7. Instances 메뉴로 돌아가서 Public DNS와 IPv4의 퍼블릭 IP가 변경됐는지 확인
한다. Change Source/Dest를 보면 된다. 인스턴스에 대해 Source/Dest. Check가
True로 돼 있을 것이다.

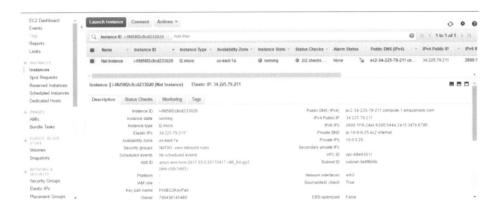

Elastic IP를 할당받은 EC2

8. Actions > Networking > Change Source/Dest. Check를 선택한다(그림 참조).

NAT 인스턴스를 위한 Source/Dest. Check 변경

9. Source/Dest. Check가 False임을 확인한다.

NAT 인스턴스의 상세 정보

10. VPC에 어태치한 라우팅 테이블을 업데이트해야 한다. VPC 대시보드로 돌아가서 우리가 생성한 VPC를 선택한다.

VPC 대시보드

11. Route Tables 메뉴에서 rtb로 시작하는 라우팅 테이블을 클릭한다.

메인 라우팅 테이블

12. 선택한 라우팅 테이블에 대해 Routes 탭에서 Edit 버튼을 클릭한다. 그런 다음 Destination 항목에 0.0.0.0/0을 추가하고 NAT 인스턴스의 ID를 Target 항목의 빈칸에 입력한다. 입력을 완료한 후 Save 버튼을 클릭한다.

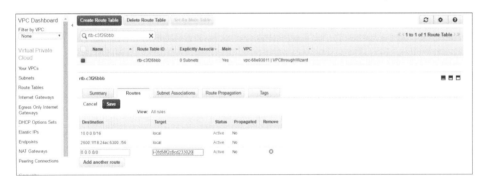

메인 라우팅 테이블에 NAT 어태치

동작 원리

기본적으로 EC2 인스턴스는 네트워크 트래픽 요청, 응답에 대한 소스가 될 수도 있고 데스티네이션Dest이 될 수도 있다. 하지만 NAT 인스턴스는 소스가 프라이빗 서브넷인 요청을 인터넷으로 포워딩하고 이들에 대한 응답을 다시 프라이빗 서브넷으로 리턴해야 한다. 따라서 NAT 인스턴스에 대해 소스, 데스티네이션을 비활성화시켜 놓아야 한다.

추가 정보

NAT 인스턴스는 IPv6을 지원하지 않는다. IPv6를 위해 NAT를 사용하려면 VPC 콘솔에서 Egress-Only Internet Gateway를 만들고 이것을 메인 라우팅 테이블에 어태치해야 한다.

네트워크 인터페이스 사용 방법

AWS에서 ENIElastic Network Interface는 EC2 인스턴스에 어태치할 수 있는 네트워크 인터페이스다. 하나의 인스턴스에 여러 개의 ENI를 어태치할 수 있으며 각각의 ENI는 고유한 주소와 IP MAC 주소MAC Address를 갖는다. 그리고 한 번 생성하면 다른 서브넷으로 ENI를 옮길 수 없으니 주의하기 바란다. 동일한 AZ에 있는 EC2에 ENI를 어태치하는 것은 가능하다.

준비 사항

AWS 계정과 ENI를 생성하기 위해 필요한 적절한 액세스 권한permission을 준비한다.

다음 순서에 맞춰 하나씩 차근차근 해나간다.

1. https://console.aws.amazon.com/ec2/에서 AWS 계정으로 로그인한 다음, 왼쪽 내비게이션 메뉴에서 **Network Interfaces**를 선택한다.

Network Interface 대시보드

2. Create Network Interface를 클릭한다.

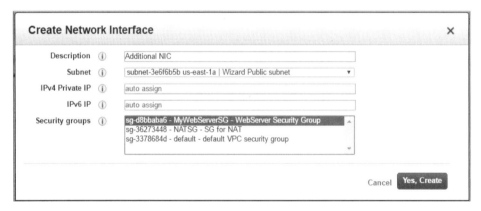

Network Interface 생성 상세 화면

3. Description에 해당 ENI에 대한 설명을 입력한다. 그리고 **Subnet** 항목에서 NIC를 생성할 서브넷을 선택한다. IPv4 Private IP와 IPv6 IP는 그대로 둔다. 나중에 서브넷의 CIDR에 맞춰 생성될 것이다. 마지막으로 **Security Groups**를 선택한다. 또는 보안 그룹 선택을 하지 않는 대신 CIDR 범위에서 IP 어드레스를 직접 정해줄 수도 있다. 여기까지 다 마쳤으면 창 아래쪽의 **Yes, Create**를 클릭한다.

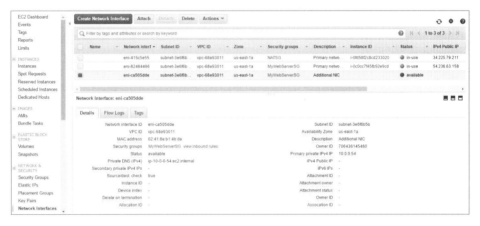

Network Interface 상세 화면

4. 앞의 과정을 잘 마쳤다면 1개의 네트워크 인터페이스가 생성된 것을 확인할 수 있을 것이다. 하지만 아직 인스턴스에 어태치하지 않았기 때문에 사용 가능한 상태는 아닐 것이다. **Attach** 버튼을 클릭하자.

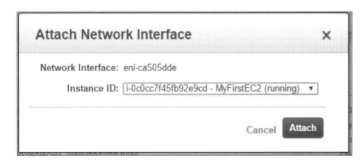

Network Interface 생성

5. 이제 ENI를 어태치할 **EC2 인스턴스**를 선택하고 **Attach**를 클릭한다.

어태치한 Network Interface

6. 이제 ENI가 **in-use**(사용 중) 상태임을 확인할 수 있을 것이다. 이것을 **디태치**Detach 한 다음 다른 인스턴스에 어태치할 수도 있다. Actions의 메뉴를 통해 ENI를 관리할 수 있다. Actions를 클릭해 목록 중 Instance ID를 클릭해보기 바란다.

2개의 네트워크 인터페이스를 사용 중인 EC2 인스턴스의 모습

7. 화면에서 2개의 프라이빗 IP와 **eth0, eth1**이라는 2개의 네트워크 인터페이스를 확인할 수 있을 것이다.

AWS CLI 환경 설정

AWS CLI는 커맨드라인을 통해 AWS 서비스를 관리할 수 있는 툴이다. 즉 AWS 리소스 관리를 자동화하기 위해 CLI를 이용해 스크립트를 작성할 수도 있다. AWS CLI는 윈도우 설치 파일을 이용해 설치할 수도 있고, 파이썬의 pip 명령어 또는 패키지 관리자를 이용해 설치할 수도 있다.

앞에서 생성한 사용자 액세스 키^{user access key}의 상세 정보를 준비한다.

수행 방법

다음을 순서대로 진행한다.

- 윈도우상에서 설치
  - 다음을 참고해 여러분의 시스템에 맞는 설치 파일을 다운로드한다.
    - **윈도우 64비트**: https://s3.amazonaws.com/aws-cli/AWSCLI64.msi
    - **윈도우 32비트**: https://s3.amazonaws.com/aws-cli/AWSCLI32.msi
  - 설치 파일을 실행시킨 다음 화면에 나오는 설명에 따라 설치를 진행한다.
- 리눅스, 맥OS, 유닉스상에서 설치

  시스템에 파이썬 버전 2.6.5 이상 또는 3.5 이상이 설치돼 있어야 한다. 만약 설치돼 있지 않으면 파이썬부터 설치하기 바란다. 다음 명령어를 실행시켜서 파이썬 설치 여부를 확인한다.

  ```
  $ python --version
  ```

  다음에 소개하는 내용을 참고해 번들 소프트웨어를 이용해 AWS CLI를 설치한다. AWS CLI 번들 소프트웨어를 다운로드한다. 다음 명령어를 실행시켜보자.

  ```
  $ curl "https://s3.amazonaws.com/aws-cli/aws-cli-bundle.zip" -
  "awscli-bundle.zip"
  ```

  패키지 압축을 푼다. 리눅스에서는 다음 명령어를 실행시키면 된다.

  ```
  $ sudo ./awscli-bundle/install -i /usr/local/aws -b
  /usr/local/bin/aws
  ```

- 환경 설정:

  커맨드 창 또는 셸에서 aws configure 명령어를 실행시킨다. 아마 다음과 같이 몇 가지를 물어볼 것이다. 관리자 사용자는 앞에서 생성한 AWS Access Key ID와 AWS Secret Access Key 정보를 참고해 순서대로 입력한다. 리전의 경우 기본값으로 us-east-1으로 설정돼 있는데, 필요하면 얼마든지 원하는 리전으로 설정할 수 있다. 설정 정보의 기본 포맷Default Output format은 JSON으로 돼 있다. 이해하기 어렵다면 이 책 뒤에서 나오는 추가 설명을 참고하기 바란다.

  ```
  C:\>aws configure
  AWS Access Key ID:
  AWS Secret Access Key:
  Default region name:
  Default output format:
  ```

  AWS CLI 환경 설정

이상으로 AWS 권한에 맞춰 AWS상에서 API/CLI 호출을 통해 네트워크 구성 요소를 생성, 수정, 관리하기 위한 모든 준비를 마쳤다.

02

사용자 맞춤형 VPC 구성

2장에서는 다음 주제들을 다룬다.

- VPC의 관리
- 퍼블릭 서브넷, 프라이빗 서브넷 관리 요령
- 네트워크 ACL 관리 방법
- 보안 게이트웨이 관리 방법
- 인터넷 게이트웨이 관리 방법
- NAT 게이트웨이 관리 방법
- 라우팅 테이블 관리 방법
- EC2 인스턴스 관리 방법

AWS에서는 모든 서비스에 대해 매우 편리한 관리용 인터페이스를 제공하고 있다. 이를 통해 사용자는 버튼을 클릭하기만 하면 필요한 때에 서비스를 생성할 수 있고, 더 이상 필요 없을 경우 해당 서비스를 없앨 수 있다. AWS에서 애플리케이션 호스팅 서비스를 할 경우 필요한 대부분의 네트워크 구성 요소를 어떻게 생성하는지 자세히 알아보기로 한다. 아울러 우리가 만든 네트워크 환경 내에서 인스턴스를 어떻게 생성하는지도 함께 다룬다.

VPC의 관리

AWS VPC는 AWS 클라우드 내에 있는 가상 네트워크로, 기업의 데이터 센터 내에 있는 일반적인 네트워크처럼 구성돼 있다. 어떤 한 AWS 계정 내에서 VPC를 생성했을 경우 이 VPC는 해당 계정에서 생성한 다른 VPC와 완전히 격리돼 있다. 또 이 VPC는 다른 계정에서 생성된 VPC와도 완전하게 격리돼 있다.

준비 사항

우선 AWS 계정이 필요하다. VPC를 생성하기 위한 적절한 사용자 권한이 있는지 확인한다.

1. AWS 계정으로 로그인한다. AWS 콘솔에 들어가보면 AWS가 계정이 생성된 각 리전 내에 기본 VPC$^{Default\ VPC}$를 제공하고 있음을 확인할 수 있을 것이다. 아울러 해당 리전 내의 AZ에 앞에서 나열된 모든 컴포넌트도 함께 확인할 수 있을 것이다. 그림과 같이 로그인 후 **AWS Services** 메뉴에서 **VPC**를 선택한다.

AWS 콘솔에서 VPC 선택

2. VPC 대시보드가 나타날 것이다. 여러분이 관리할 수 있는 모든 VPC와 관련 컴포넌트들은 AWS 콘솔에서 확인할 수 있다. 따라서 해당 리전에서 VPC와 관련 컴포넌트를 알고 싶다면 왼쪽 맨 위의 메뉴에서 다른 리전을 선택하면 된다.

VPC 대시보드

3. VPC 대시보드에서 **Your VPCs**를 클릭하고 왼쪽 메뉴 옵션을 확인해보기 바란다. **Default VPC** 칼럼이 **Yes**라고 돼 있을 것이다. 이 VPC는 클라우드 내에서 호스트 서비스에 대한 모든 컴포넌트를 포함하고 있다. 처음 사용하는 사람들에게는 VPC 내에서 서로 다른 네트워크 컴포넌트들 간의 관계 또는 복잡한 내용이 매우 어렵고 만드는 것이 힘들 수 있다. Default VPC는 사용자가 VPC 관련 지식이 많지 않더라도, 또 여러 가지 VPC 관련 컴포넌트를 만들지 않더라도 VPC 내에서 사용자가 필요한 리소스를 생성해 사용할 수 있도록 해준다.

Default VPC

4. **Create VPC**를 클릭한다. VPC name tag와 CIDR range에 적절한 사항을 입력한다. IPv6 가 필요하면 **Amazon provided IPv6 CIDR block**을 선택한다. 그림과 같이 다른 옵션들은 그대로 두고, **Yes, Create**를 클릭한다.

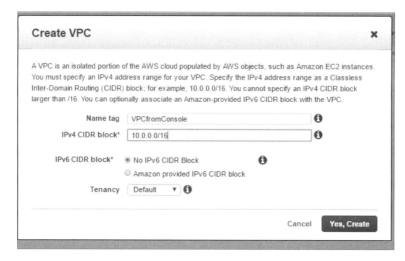

AWS 콘솔에서 VPC 생성

5. 앞에서 입력한 내용을 바탕으로 VPC가 생성됐다. VPC ID를 잘 기록해 두기 바란다. 그림에도 나타나 있듯이 라우팅 테이블Route Table과 네트워크 ACL도 함께 생성돼 해당 VPC와 연관돼 있음을 알 수 있다(화면에서 결과를 직접 확인하기 바란다).

AWS 콘솔에서 VPC를 생성한 결과(VPC 대시보드)

6. (VPC 이름 앞의 체크박스를 클릭해) VPC를 선택한 다음 Actions 버튼을 클릭해보기 바란다. 다음 그림처럼 VPC에 대한 자세한 사항을 수정할 수 있고 VPC를 제거할 수 있는 기능을 확인할 수 있을 것이다.

VPC 상세 내용 수정 메뉴

동작 원리

CIDR 대역을 통해 VPC에서 생성된 EC2 인스턴스의 내부 IP 주소가 몇 개가 될지를 결정하도록 돼 있다. 기본적으로 같은 VPC 내에 있는 인스턴스들은 내부 IP 주소를 이용해 통신하도록 돼 있다. 여러분이 생성한 EC2 인스턴스의 개수는 여러분이 설정한 CIDR 대역을 바탕으로 결정된다. 만약 프라이빗 네트워크를 통해 다른 네트워크/VPC와 통신하고 싶다면 해당 네트워크의 CIDR 대역은 현재 VPC에서 설정돼 있는 CIDR 대역과 절대로 겹쳐서는 안 된다.

추가 정보

기본적으로 동일한 하드웨어에서 여러 고객들을 위해 EC2 인스턴스들을 호스팅한다. 만약 여러분의 인스턴스를 위한 전용 하드웨어가 필요할 경우, VPC 생성 과정에서 Tenancy를 Dedicated로 선택해야 한다. 아울러 전용 인스턴스Dedicated Instance는 비용이 많이 들 수 있다는 점에 유의한다.

퍼블릭 서브넷과 프라이빗 서브넷 관리

AWS의 서브넷은 데이터 센터 내에 있는 VLAN과 유사하다. 즉 특정 IP 대역이 다른 VLAN/서브넷과 격리돼 있는 것처럼 말이다. 리전 내의 각 AZ는 요청request에 맞춰 여러 개의 서브넷을 호스팅할 수 있다. 서브넷은 하나의 AZ 내에서만 유효하며 따라서 여러 개의 AZ에 걸쳐 있을 수는 없다. 서브넷에는 크게 두 가지가 있는데 퍼블릭 서브넷에서 생성된 인스턴스에는 퍼블릭 IP 주소가 할당되고 이 인스턴스는 VPC 외부로 액세스가 가능하다. 또 다른 서브넷으로는 프라이빗 서브넷이 있다. 프라이빗 서브넷에서 생성된 인스턴스에는 퍼블릭 IP 주소가 할당되지 않는다. 기본 VPCDefault VPC에는 여기에 관련된 기본 서브넷이 있는데, 모든 기본 서브넷은 퍼블릭 서브넷이다.

AWS 계정을 준비한다. 그리고 서브넷을 생성하기 위해 필요한 적절한 권한을 지닌 사용자를 준비한다.

1. VPC Dashboard에서 Subnets를 클릭한다. 화면에 이미 생성돼 있는 기본 서브넷들을 볼 수 있을 것이다. 이 기본 서브넷은 기본 VPC와 관련된 해당 리전의 각 가용 영역 내에서 생성된 것이다.

기본 서브넷

2. Create Subnet 링크를 클릭한다. Name tag에 적절한 이름을 입력하고 VPC, CIDR 대역, Availability Zone을 적절하게 선택한다. 전부 다 완료했으면 Yes, Create를 클릭한다.

AWS 콘솔에서 서브넷 생성

3. 서브넷이 생성될 때 라우팅 테이블과 네트워크 ACL도 같이 생성된다. 서브넷을 선택한 다음 Subnet Actions 메뉴 버튼을 클릭하면 다음 그림과 같이 여러 가지를 수정할 수도 있고 해당 서브넷을 삭제할 수도 있다.

새로 생성된 서브넷 결과 대시보드

4. **Route Table** 탭을 클릭해보자. 로컬 VPC 통신을 위한 엔트리와 (igw로 시작하는) 인터넷 게이트웨이를 통한 외부 통신용 엔트리 2개를 볼 수 있을 것이다. 인터넷 게이트웨이는 AWS에서 호스팅하는 리소스들이 외부망과 통신할 수 있도록 해준다. 이 서브넷은 인터넷 게이트웨이를 통해 외부와 통신을 할 수 있기 때문에 퍼블릭 서브넷이다.

서브넷 라우팅 테이블

5. **Edit**를 클릭해 라우팅 테이블을 변경할 수 있다. 인터넷 게이트웨이가 연동돼 있지 않은 라우팅 테이블을 서브넷에 연결시키면, 이 서브넷은 프라이빗 서브넷처럼 동작하게 된다. 외부와 통신할 수 있는 방법이 없기 때문이다. 라우팅 테이블을 어떻게 생성하는지는 다음 절에서 자세히 다루기로 하자.
6. **Subnet Actions** 메뉴에서 **Delete** 옵션을 선택하면 서브넷을 삭제할 수 있다.

추가 정보

서브넷의 CIDR 대역은 서브넷 내에서 생성될 수 있는 인스턴스의 개수와 인스턴스의 내부 IP 대역을 결정한다. 서브넷의 CIDR 대역은 VPC CIDR 대역 내에 있어야 한다. VPC 내에 2개의 서브넷이 있다고 가정했을 때 이들의 CIDR 대역은 겹쳐서는 안 된다.

네트워크 ACL 관리

AWS의 네트워크 ACL[NACL, Network Access Control List]은 VPC 수준에서 방화벽 역할을 한다. 즉 VPC에 연동돼 있는 하나 이상의 서브넷으로 들어오거나 나가는 요청을 제어한다. 네트워크 ACL은 AWS의 트래픽을 제어할 때 보안 그룹[SG, Security Group]과 함께 사용된다. VPC를 생성했을 때 기본 네트워크 ACL은 모든 IP 주소와 포트에 대해 열려 있다. 서브넷이 생성되는 동안에는 기본 네트워크 ACL과 연동돼 있다. 이후 사용자가 직접 네트워크 ACL을 생성하고 이를 서브넷에 연동시켜서 기본 네트워크 ACL을 교체할 수 있다.

준비 사항

AWS 계정을 준비한다. 그리고 보안 그룹을 생성할 수 있는 적절한 권한을 지닌 사용자를 준비한다. 또 여러분의 로컬 머신(예: 노트북 컴퓨터)에서 AWS CLI 환경 설정을 해야 한다. 여러 컴포넌트를 생성할 수 있도록 리전 내에 VPC를 생성해야 한다. 이 사항들은 1장에서 이미 전부 다뤘으니 필요할 경우 1장을 참고하기 바란다.

수행 방법

1. AWS 계정으로 로그인한 다음 그림과 같이 **VPC Dashboard**를 열자.

VPC 대시보드

2. 왼쪽 메뉴 바에서 Security 메뉴를 찾은 다음, 하위 메뉴 중 **네트워크** ACL을 클릭한다. 기본 네트워크 ACL이 기본 VPC에도 생성돼 있고 1장에서 우리가 생성한 VPC에도 생성돼 있음을 확인할 수 있을 것이다. Inbound Rules와 Outbound Rules를 클릭하면, 모든 포트로부터 모든 프로토콜을 가지고 모든 트래픽을 허용하는 100이라는 룰이 있음을 알 수 있을 것이다. 뿐만 아니라 방화벽은 모두 개방돼 있으며 따라서 어떠한 소스, 프로토콜, 포트 번호를 통한 트래픽도 이 네트워크 ACL에 있는 리소스와 연결이 가능하다. Subnet Association 탭에서 VPC 내에 있는 서브넷들이 네트워크 ACL과 연동돼 있음을 확인할 수 있다.

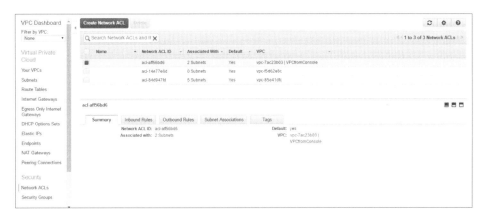

기본 네트워크 ACL

3. Create **네트워크** ACL을 클릭하면 새로운 네트워크 ACL을 생성할 수 있다. Name tag 정보를 입력하고 네트워크 ACL을 생성할 VPC를 선택한다. 다 했으면 Yes, Create 를 클릭한다.

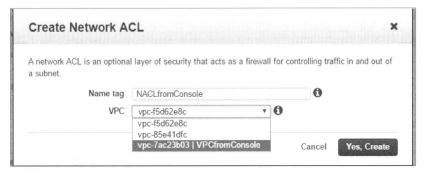

AWS 콘솔에서 네트워크 ACL 생성

4. 방금 생성한 네트워크 ACL을 보면 Default 칼럼이 No로 돼 있을 것이다. Inbounds Rules 또는 Outbound Rules를 클릭해보자.

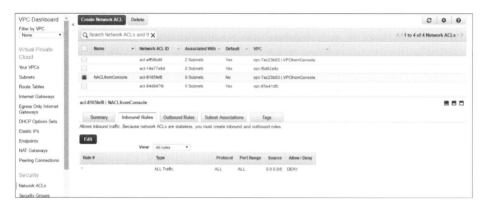

사용자를 통해 생성된 네트워크 ACL

5. Inbound Rules 탭에서 Edit 버튼을 클릭한다. 그런 다음 Add another rule을 클릭한다. 여기서 원하는 만큼 룰을 추가할 수 있다. 이 예제에서는 모든 트래픽을 허용하도록 해 놓았다. 편집이 끝났으면 Save 버튼을 클릭한다.

네트워크 ACL에 Inbound rule 추가

6. 앞에서 했던 것처럼 Outbound Rules 탭에서 Edit 버튼을 클릭한다. 그런 다음 Add another rule을 클릭한다. 마찬가지로 여기서도 원하는 만큼 룰을 추가할 수 있다. 이 예제에서도 역시 모든 트래픽을 허용하도록 해 놓았다. 편집이 끝났으면 Save 버튼을 클릭한다.

네트워크 ACL에 Outbound rule 추가

7. **Subnet Associations**를 클릭한 다음 앞에서 생성한 서브넷을 선택한다. 편집이 끝났으면 Save 버튼을 클릭한다.

네트워크 ACL과 서브넷 연동

8. **Subnets** 메뉴에 가서 서브넷과 연동해 놓은 네트워크 ACL이 바뀌었는지 그림과 같이 확인할 수 있다.

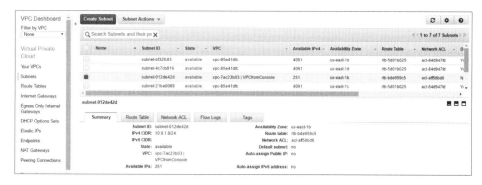

네트워크 ACL과 서브넷의 연동 성공 결과 화면

9. 사용자가 만든 네트워크 ACL이 어떤 서브넷하고도 연동돼 있지 않을 경우, AWS 콘솔에서 Delete 버튼을 눌러서 삭제할 수 있다. 하지만 우리가 생성한 네트워크 ACL은 다른 서브넷에 연동돼 있기 때문에 여기서는 삭제할 수 없다. 필요할 경우 7번 작업에서 설명한 Subnet association 변경을 수행하면 삭제할 수 있다.

동작 원리

네트워크 ACL에서 여러 개의 인바운드 룰Inbound Rules과 아웃바운드 룰Outbound Rules을 정의할 수 있다. 네트워크 ACL은 VPC내에서 하나 이상의 서브넷에 연동시킬 수 있다. 인바운드 룰은 서브넷 내에서 호스팅하는 리소스에 대해 서브넷 외부에서 들어오는 네트워크 요청을 허용하거나 막을 수 있다. 아웃바운드 룰은 서브넷 내부에서 호스팅하고 있는 리소스의 서브넷 외부 대상 요청을 허용하거나 막을 수 있다. 각 룰은 번호를 갖는데, 가장 낮은 번호를 지닌 룰부터 점차 높은 번호의 룰들이 순서대로 적용된다. 하지만 특정 네트워크 트래픽을 허용하는 룰이 있을 경우 다른 룰은 적용되지 않는다. 따라서 가장 낮은 번호를 가진 룰이 모든 트래픽을 다 허용하도록 돼 있으면, 다른 룰들은 아무것도 적용되지 못한다. 따라서 가장 낮은 번호의 룰에서 모든 트래픽을 허용하게 해 놓았을 경우 특정 트래픽을 막기 위해 만든 룰들은 아무 효과가 없다. 네트워크 ACL은 '상태 비저장Stateless'이라고 한다. 무슨 뜻인고 하니 임의의 네트워크 요청이 인바운드 룰에서 허용됐을 때 만약 아웃바운드 룰에서 이에 대한 허용이 돼 있지 않으면 응답이 나갈 수 없다는 얘기다. 이는 반대의 경우도 마찬가지다. 넓은 대역의 포트를 허용하고 싶고 일부 포트에 대해서만 허용을 막아야 한다면 우선 DENY 룰을 추가하는 것이 좋다.

추가 정보

HTTP 요청request처럼 리소스에 대한 어떤 요청을 받았을 때, IP에 대한 짧은 시간 동안 유효한 트랜스포트 프로토콜 포트port 통신이 자동으로 IP 스택 소프트웨어에서 사전에 정의돼 있는 대역range으로부터 할당된다. 그리고 한시적으로 사용 가능한 임시 포트 번호

Ephemeral Port를 호출한다. 응답^{response}도 이 임시 포트 번호를 통해 돌아온다. 운영체제^{OS}에 따라서 이 임시 포트 번호는 달라질 수 있다는 점을 기억해 두기 바란다. 이와 관련해 다음 표를 참고한다. 통신이 잘 이뤄질 수 있도록 네트워크 ACL에서 임시 포트 번호를 잘 설정해야 한다.

운영체제	임시 포트 번호
Amazon Linux	32768–61000
Windows Server 2003/Windows XP	1025–5000
Windows Server 2008	49152–65535
AWS ELB/AWS NAT	1024–65535

보안 그룹 관리

보안 그룹은 AWS에서 호스팅되는 리소스(예: EC2, RDS 등)를 보호하기 위해 유입되는 트래픽을 제어하는 가상 방화벽 역할을 한다. 동일한 기능과 보안 요구 사항을 갖는 서비스/리소스에 대해 동일한 보안 그룹을 연동시킬 수 있는데, 대표적인 예로 웹서버 클러스터를 생각해볼 수 있다. 보안 그룹은 VPC 내에 있는 다른 서브넷에 걸쳐서 확장 가능하다. 보안 그룹은 들어오고 나가는 트래픽에 대해 유효한 소스, 프로토콜, 포트를 위한 룰을 정의할 수 있다. 또 보안 그룹은 '상태 저장^{Stateful}형 방화벽'이라고 하는데, 여기서 '상태 저장'이란 소스에서 데스티네이션으로 연결이 허용되면 반대의 경로 역시 허용된다는 의미다. 최소한 1개의 보안 그룹이 리소스 생성 단계에서 리소스에 어태치 돼야 한다. 하나 이상의 보안 그룹이 리소스에 어태치되는 것도 가능하다. 보안 그룹의 룰은 언제든 변경할 수 있으며 변경되는 즉시 최신 상태가 바로 적용된다. 또 언제든 보안 그룹을 리소스에서 디태치시킬 수 있다.

앞에서 네트워크 ACL 관리를 할 때와 동일하다.

수행 방법

1. AWS 계정으로 로그인한 다음 앞에서 했던 것처럼 VPC Dashboard를 연다.
2. 왼쪽 메뉴 바의 Security 메뉴에서 Security Group을 클릭한다. 기본 VPC와 1장에서 만든 VPC에서 생성된 기본 보안 그룹이 있을 것이다. Inbound Rules와 Outbound Rules를 클릭하면 허용돼 있는 모든 트래픽, 프로토콜, 포트를 확인할 수 있다. 편리하게도 방화벽이 전체가 다 개방돼 있기 때문에 어떠한 소스, 프로토콜, 포트를 통한 트래픽에 대해도 보안 그룹에서 해당 리소스를 연결시킬 수 있다.

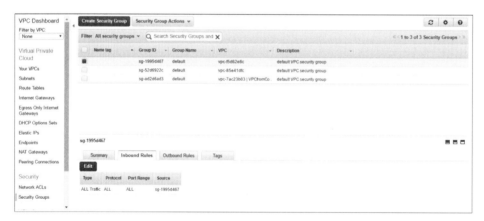

기본 보안 그룹

3. Create Security Group을 클릭하면 다음과 같이 창이 하나 뜬다. 보안 그룹을 연동시키기 위해 필요한 사항들을 입력하고 **Yes, Create**를 클릭한다.

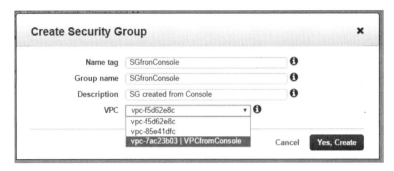

AWS 콘솔에서 보안 그룹 생성

4. 새로운 보안 그룹이 만들어진 것을 볼 수 있다. 여기서 만든 보안 그룹은 기본 보안 그룹과 중요한 차이가 있는데 Inbound Rules가 정의돼 있지 않다는 점이다. 무슨 뜻이냐 하면 이 보안 그룹은 모든 인바운드 트래픽을 허용하지 않고 있다는 얘기다.

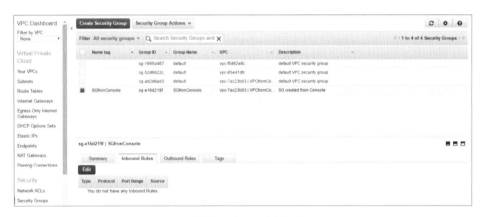

생성한 보안 그룹 결과 화면

5. **Inbound Rules**에서 **Edit** 버튼을 클릭한다. 그러면 옵션에서 트래픽 타입을 선택할 수 있다. 여기서는 SSH를 입력한다. **Source**에는 유효한 CIDR 대역을 넣어준다. 예를 들면 데이터 센터 CIDR 대역 같은 것을 생각해볼 수 있다. 이 예제에서는 `0.0.0.0/0`을 입력한다. 동일한 VPC에서 또 다른 보안 그룹을 설정할 수도 있다. **Add another rule**을 클릭하고 추가할 인바운드 룰들을 넣기만 하면 된다. 여기서는 HTTP를 추가했다. 앞의 작업을 다 마쳤으면 **Save** 버튼을 클릭한다.

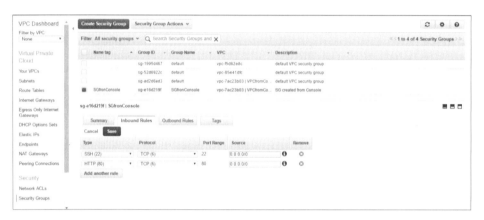

보안 그룹 Inbound Rule 환경 설정

6. 앞에서 작업한 보안 그룹 **Inbound Rules**가 성공적으로 저장된 것을 확인할 수 있을 것이다. 이제 **Outbound Rules**를 클릭해보자. 모든 포트와 모든 데스티네이션에 대해 모든 타입의 밖으로 나가는 트래픽이 허용돼 있음을 알 수 있다. 지금 여기서는 이 상태 그대로 두기로 한다. 하지만 여러분이 필요할 경우 이 룰은 언제든 수정할 수 있다.

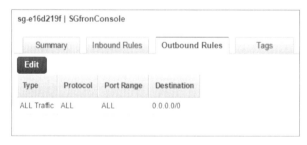

Outbound Rule 보안 그룹

7. Security Group Actions에서 특정 보안 그룹을 선택하고 Delete Security Group을 누르면 해당 보안 그룹을 삭제할 수 있다.

보안 그룹 삭제

동작 원리

보안 그룹은 AWS에서 호스팅하는 리소스에서, 또는 해당 리소스로 들어오거나 나가는 요청을 제어한다. 인바운드 룰은 해당 룰에서 설정한 프로토콜과 포트를 이용해 소스 CIDR 대역에서 유입되는 네트워크 트래픽을 허용한다. 만약 VPC 내에서 호스팅하는 리소스에 대해서만 요청을 허용하고 싶다면 해당 소스들을 보안 그룹에 어태치시키기만 하면 된다. 아웃바운드 룰은 AWS에서 호스팅하는 리소스에서 만들어진 (밖으로 나가는) 요청을 허용한다.

추가 정보

로드 밸런서 외에도 인바운드 룰을 위한 소스는 프로덕션 시나리오상에서는 모든 IP 주소와 포트에 대해 개방돼 있으면 안 된다. RDP/SSH 같은 다른 포트에 대해서는 점프 서버 Jump Server/배스천 호스트 Bastion Host 등을 통해만 액세스가 가능하도록 해야 한다. 보안 그룹 내에 있는 모든 룰은 어떤 트래픽이든 허용하기 전에 가능 여부를 확인하게 돼 있다.

인터넷 게이트웨이 관리

인터넷 게이트웨이[IGW]는 VPC에서 호스팅하는 리소스와 인터넷 간의 통신을 가능하게 해주는 AWS 컴포넌트다. 인터넷 게이트웨이는 수평적 확장성과 높은 가용성을 지닌 구성요소로 네트워크 대역폭에 제약이 없다. VPC 내에서 호스팅하는 서비스가 외부 세계에 액세스가 되도록 채널 역할을 한다. 아울러 AWS 내에서 호스팅되는 리소스가 인터넷에 연결될 수 있도록 해준다.

준비 사항

네트워크 ACL 섹션에서 했던 사항들과 동일하다(아직 안 된 것들이 있는지 확인하기 바란다).

수행 방법

1. AWS 계정으로 로그인한 다음, 앞에서 했던 것처럼 VPC Dashboard를 연다.
2. 왼쪽 메뉴 바에서 Virtual Private Cloud[VPC] 메뉴 아래에 있는 Internet Gateways를 클릭한다. 리전 내에 있는 기본 VPC에서 생성된 인터넷 게이트웨이를 확인할 수 있을 것이다.

인터넷 게이트웨이 대시보드

3. Create Internet Gateway를 클릭하면 창이 하나 뜰 것이다. 여기에 Name tag 정보를 입력하고 Yes, Create 버튼을 클릭한다.

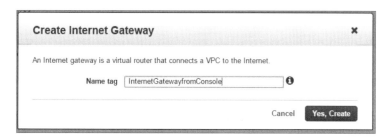

AWS 콘솔에서 인터넷 게이트웨이 생성

4. 인터넷 게이트웨이가 생성된 것을 확인할 수 있을 것이다. 하지만 아직 디태치된 상태다. 즉, 어떤 VPC에도 어태치돼 있지 않다는 뜻이다.

생성된 인터넷 게이트웨이가 있는 대시보드

5. Attach to VPC 버튼을 클릭하면 다음과 같은 창이 뜰 것이다. 여기서 우리가 앞에서 만들어 놓은 VPC를 선택하고 Yes, Attach 버튼을 클릭한다.

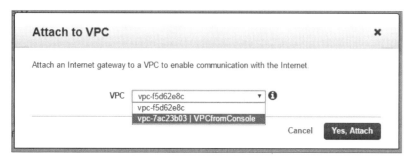

VPC에 인터넷 게이트웨이를 어태치

6. 인터넷 게이트웨이의 상태가 **attached**로 바뀐 것을 확인할 수 있다.

인터넷 게이트웨이 상태

7. 필요한 경우, **Detach from VPC**를 클릭한 다음 **Delete**를 누르면 생성한 인터넷 게이트웨이를 삭제할 수 있다.

동작 원리

서브넷 내부에 있는 리소스들은 서브넷의 CIDR 대역에 맞춰 할당된 프라이빗 IP만 인식할 수 있다. 기본 VPC는 어태치된 인터넷 게이트웨이를 가지고 있고 서브넷의 라우팅은 인터넷 게이트웨이와 연동돼 있다. 인터넷 게이트웨이는 퍼블릭 IP 주소/Elasitc IP 주소를 가진 인스턴스들에 대해 **NAT**^Network Address Translate 역할을 한다. 외부 인스턴스가 퍼블릭 IP/Elastic IP를 가진 AWS 리소스에 대해 요청을 보냈을 때, 인터넷 게이트웨이는 IP 주소를 변환해 리소스의 내부 IP 주소로 해당 요청을 전송한다. 마찬가지로 서브넷 내부에 있는 리소스가 VPC 밖에 있는 서비스에 요청을 전송할 때, 응답 주소는 해당 리소스의 퍼블릭 IP/Elastic IP로 세팅된다. 따라서 서브넷 라우터에 어태치돼 있는 인터넷 게이트웨이가 있으면 해당 서브넷 내에서 호스팅되고 있는 리소스는 인터넷에 접근이 가능하다. 이러한 형태의 서브넷을 퍼블릭 서브넷이라고 한다. 모든 기본 서브넷은 퍼블릭 서브넷이다. 인터넷 게이트웨이가 서브넷 라우터에 어태치돼 있지 않으면, 해당 서브넷 내에서 호스팅되는 리소스는 인터넷에 접근할 수 없다. 이런 형태의 서브넷을 프라이빗 서브넷이라고 한다.

기본적으로 서브넷에서 생성된 모든 사용자는 프라이빗 서브넷에 있다. 인터넷에 바로 접속되는 리소스를 원할 경우 인터넷 게이트 웨이를 생성하고 이를 VPC에 어태치해야 한다. 인터넷 게이트웨이는 리소스를 호스팅하는 서브넷의 라우팅 테이블에 어태치돼야 한다. 서브넷의 라우터에 인터넷 게이트웨이를 어태치하면 퍼블릭 서브넷이 된다.

NAT 게이트웨이 관리

프라이빗 서브넷 내에서 호스팅되고 있는 리소스들이 인터넷으로 접속할 수 있는 방법은 없다. 이에 대한 해결 방안으로 NAT가 있다. 하지만 VPC 밖에 있는 리소스들은 프라이빗 서브넷 내에 있는 리소스에 접근할 수 없다. 이 문제를 해결하기 위해 NAT 인스턴스 또는 NAT 게이트웨이를 사용하는 방법이 있다. NAT 게이트웨이는 확장 가능한 관리형 서비스managed services로 불필요한 인프라 관리 작업을 필요로 하지 않는다. 이 절에서는 NAT 게이트웨이를 어떻게 관리하는지 자세히 알아보기로 한다.

준비 사항

앞에서 설명한 것처럼 AWS 계정과 함께, 앞에서 만든 NAT를 관리할 적절한 권한을 지닌 사용자가 필요하다. 그리고 Elastic IP를 생성해 이것을 앞에서 만든 NAT에 어태치해야 한다. Elastic IP에 대해서는 뒤에서 더 자세히 설명할 것이다.

수행 방법

1. AWS 계정으로 로그인한 다음 앞에서 했던 대로 **VPC Dashboard**를 연다.

2. Virtual Private Cloud 메뉴 아래에 있는 Elastic IP를 클릭한다. 지금은 우리가 아무 것도 만들지 않았기 때문에 화면에도 Elastic IP가 없다.

AWS 콘솔에서 Elastic IP 메뉴

3. Allocate New Address를 클릭하면 다음과 같은 창이 뜰 것이다. 여기서 Allocate 버튼을 클릭한다.

AWS 콘솔에서 Elastic IP 생성

4. Elastic IP가 생성되면 다음과 같은 결과를 얻는다.

Elastic IP 생성 결과

5. Virtual Private Cloud 메뉴 아래에 있는 NAT Gateways를 클릭한다.

AWS 콘솔에서 NAT Gateway

6. Create NAT Gateway를 클릭하면 다음과 같은 창이 열린다. 왼쪽에서 Subnets 메뉴에서 호스팅할 서브넷 ID와 4단계에서 생성해놓은 Elastic IP를 선택한다. 그런 다음 Create a NAT Gateway를 클릭한다.

AWS 콘솔에서 NAT Gateway 생성

7. 모든 것이 잘 완료됐는지 대시보드를 통해 확인한다. 처음에는 Status가 Pending 이라고 나타날 텐데, 조금 기다리면 Status가 Available로 바뀔 것이다.

AWS 콘솔에서 NAT Gateway를 생성한 결과

8. NAT Gateway가 더 이상 필요 없을 경우 AWS 콘솔에서 Delete NAT Gateway를 클릭해 NAT Gateway를 삭제한다. 이때 잊지 말고 Elastic IP를 꼭 디태치한다.

동작 원리

프라이빗 서브넷에서 리소스가 인터넷상의 외부 서비스와 연결돼야 할 때, NAT를 통해 요청을 전송해야 한다. NAT는 인터넷에 이 요청을 전달(포워드)하고 리소스의 내부 IP 주소 대신 Elastic IP를 리턴할 주소로 대체해 놓는다. 마찬가지로 응답을 받았을 때도, NAT는 리소스의 내부 IP에 대한 주소를 변환한 다음 응답을 해당 리소스로 전달(포워드)한다.

추가 정보

NAT 인스턴스는 하나의 서브넷에서 생성된다. 이는 곧 서브넷이 생성된 AZ가 하나라는 것을 의미한다. 만약 여러 개의 AZ가 있고 이들 중 NAT 게이트웨이를 호스트하는 AZ에 장애가 발생했을 경우, 다른 AZ에서 호스팅되고 있는 리소스는 인터넷 연결이 끊어지게 된다. 따라서 NAT 인프라가 고가용성을 유지하려면, 장애 허용Fault Tolerance을 지닌 여러 개의 AZ에서 생성된 NAT 인스턴스를 가지고 관리형 NAT 서비스 형태의 NAT 게이트웨 이를 생성해야 한다.

라우팅 테이블 관리

라우팅 테이블에는 VPC 내부와 외부의 네트워크 트래픽을 제어하는 룰 세트가 포함돼 있다. 각 서브넷은 하나의 라우팅 테이블과 연동돼 있어야 한다. 하지만 라우팅 테이블은 동일한 라우팅 환경 설정을 필요로 하는 하나 이상의 서브넷을 가질 수 있다.

준비 사항

앞에서 설명한 것처럼 AWS 계정과 함께, 라우팅 테이블을 관리하기 위해 적절한 권한을 지닌 사용자가 필요하다. 앞에서 이미 서브넷 2개, 인터넷 게이트웨이 1개, NAT 게이트웨이 1개를 만들어 놓았다. 라우팅 테이블을 갖고 있는 이들에 대한 환경 설정 작업을 통해 서브넷 하나는 퍼블릭 서브넷으로, 다른 서브넷 하나는 프라이빗 서브넷으로 만들 것이다.

수행 방법

1. AWS 계정으로 로그인한 다음, 앞에서 했던 것처럼 **VPC Dashboard**를 연다.
2. Virtual Private Cloud 메뉴 아래에 있는 **Route Tables**를 클릭한다. 그러면 생성된 메인 라우팅 테이블Main Routing table을 확인할 수 있을 것이다. 이 메인 라우팅 테이블은 AWS 콘솔에서 생성한 VPC와 연동돼 있다. 아직 아무 서브넷도 라우팅돼 있지 않은 것을 볼 수 있다.

AWS 콘솔의 라우팅 테이블 화면

3. 화면 아래쪽에서 **Routes** 탭을 클릭한다. 세부 정보에서 Target이 local인 라우팅 테이블 하나만 있음을 확인할 수 있을 것이다. 여기서 **Edit**를 클릭한 다음, **Add another route**를 클릭한다. 그림과 같이 추가 항목 2개 중 첫 번째는 Destination 을 0.0.0.0/0으로 설정하고, Target은 앞에서 생성한 (igw로 시작하는) 인터넷 게이트웨이로 설정한다. 나머지 하나도 Destination을 0.0.0.0/0으로 설정하고, Target은 앞에서 생성한 (nat로 시작하는) NAT 게이트웨이로 설정한다. 설정을 다 마쳤으면 **Save** 버튼을 클릭해 저장한다.

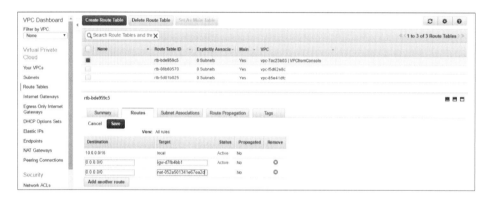

메인 라우팅 테이블의 환경 설정 작업

4. **Subnet Association** 탭으로 간다. 현재는 라우팅이 돼 있는 서브넷이 아무것도 없는 상태다.

라우팅 테이블을 위한 서브넷 연동 관련 콘솔 화면

5. Edit를 클릭하면 다음과 같은 화면이 나타난다. 콘솔에서 생성해 놓은 서브넷을 선택한다. 그런 다음 Save 버튼을 클릭한다.

메인 라우팅 테이블을 위한 서브넷 연동 편집 관련 콘솔 화면

6. 그림과 같이 Explicitly Association값이 0에서 1로 바뀐 것을 확인할 수 있다.

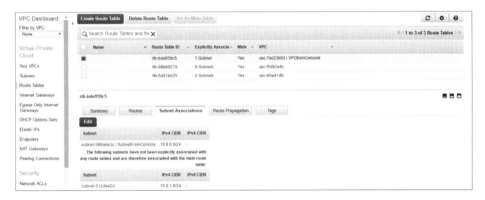

라우팅 테이블 서브넷 연동

7. 프라이빗 서브넷을 생성하기 위해 라우터를 하나 더 추가해보자. Create Route Table을 클릭하면 다음과 같은 창이 나타날 것이다. Name tag 항목에 그림과 같이 적당한 이름을 넣고, VPC 항목에서는 앞에서 생성한 VPC를 선택한다. 그런 다음 Yes, Create 버튼을 클릭한다.

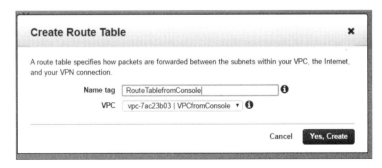

라우팅 테이블 생성을 위한 콘솔 화면

8. 콘솔에서 새로 생성한 라우팅 테이블을 확인할 수 있을 것이다. 하지만 Main 칼럼은 아직 No로 돼 있다.

사용자 라우팅 테이블을 생성한 예

9. Subnet Associations로 가서 Edit 버튼을 클릭한다. 앞 단계에서 생성한 서브넷을 선택한다. 그리고 Save 버튼을 클릭한다.

사용자 라우팅 테이블의 서브넷 연동

10. 우리가 직접 생성한 라우팅 테이블의 서브넷 연동을 제거하고 나면, Delete Route Table 버튼을 클릭해 해당 라우팅 테이블을 삭제할 수 있다.

동작 원리

이제 서브넷 하나를 인터넷 게이트웨이와 NAT 게이트웨이를 보유하고 있는 라우팅 테이블과 연동된 퍼블릭 서브넷으로 만들었다. 다른 서브넷은 로컬 라우터를 보유하고 있는 라우팅 테이블과 연동된 프라이빗 서브넷이 됐다.

추가 정보

VPC가 생성될 때 메인 라우터를 하나 갖는다. VPC 내에 있는 모든 서브넷이 어떠한 라우팅 테이블과도 연동돼 있지 않은 경우, 메인 라우팅 테이블과 자동으로 연동된다. AWS 콘솔에서 Set As Main Table이라는 버튼을 클릭하면 어떤 라우팅 테이블이든 해당 라우팅 테이블을 메인 라우팅 테이블로 만들 수 있다.

EC2 인스턴스 관리

EC2는 컴퓨트, 메모리, 네트워크 리소스를 지닌 AWS 클라우드의 인프라다. EC2가 네트워크 구성 요소는 아니지만, 우리가 생성한 네트워크 구성 요소들이 EC2와 함께 동작하는지를 확인하기 위해 몇 가지를 생성하려고 한다. 또 AWS의 리소스와 네트워크 구성 요소를 어떻게 연동하는지도 알아보기로 한다.

준비 사항

앞에서와 마찬가지로 AWS 계정을 준비한다. 또 EC2 인스턴스 관리를 위한 권한을 지닌 사용자도 필요하다.

1. AWS 계정으로 로그인한 다음, EC2 Dashboard를 연다.

EC2 대시보드

2. Launch Instance 버튼을 클릭하면 다음과 같은 창이 나타날 것이다. 필요할 경우 Amazon Machine Images^AMIs라는 사전에 제작된 가상 머신 이미지를 선택할 수 있다. 하지만 여기서는 맨 첫 번째 것을 선택하기로 한다. 맨 위에 있는 AMI의 오른쪽에 있는 Select 버튼을 클릭한다.

EC2를 위한 AMI 선택

3. 다음과 같은 창이 나타날 것이다. 원하는 인스턴스 타입을 선택한다. 여기서는 이미 지정돼 있는 것을 선택한다. 아마 사용 가능한 프리 티어일 것이다.

EC2 – 인스턴스 타입 선택

4. Next: Configure Instance Details를 클릭하면 다음과 같은 창이 나타날 것이다. Number of instances 항목에 1을 입력한다. 원할 경우 더 큰 숫자를 입력해도 된다. Network 항목은 앞에서 생성한 VPC를 선택한다. Subnet 항목은 앞에서 생성한 퍼블릭 서브넷을 선택한다. Auto-assign Public IP 항목은 Enable을 선택한다. 나머지 옵션은 사전에 설정된 상태 그대로 둔다. 그런 다음 Next: Add Storage를 클릭한다.

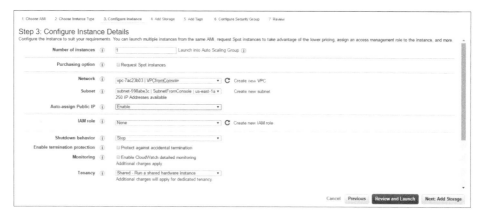

EC2 네트워크 상세 정보 설정

5. 화면에 설정된 상태 그대로 두고 Next: Add Tags 버튼을 클릭한다.

EC2 Storage 선택

6. EC2 대시보드상에서 EC2 인스턴스를 파악하기 쉽도록 태그를 추가한다. 그런 다음 Next: Configure Security Group을 클릭한다.

EC2 태그 추가

7. Select an existing security group 옵션을 선택한다. 우리가 앞에서 생성한 보안 그룹이 나타나는지 확인하고, 해당 보안 그룹을 선택한다. 그런 다음 Review and Launch를 클릭한다.

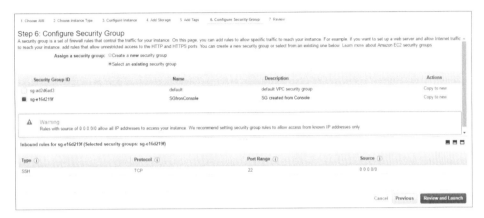

EC2 보안 그룹 선택

8. 세부 사항을 검토한 후 Launch 버튼을 클릭한다.

EC2 생성

9. 다음과 같은 창이 나타날 것이다. Create the new key pair를 선택하고 Key pair name 항목에 적당한 이름을 입력한다. 그런 다음 Download Key Pair 버튼을 클릭해 키를 저장한다. 당분간 이 키를 사용할 것이다. 이제 Launch Instances 버튼을 클릭한다. 문제없이 생성이 완료된 결과를 화면에서 확인하기 바란다.

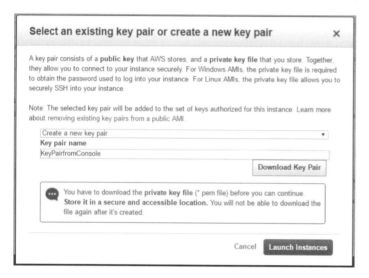

EC2 Key Pair 생성

10. EC2 Dashboard로 돌아가서, Instances 메뉴 아래에 있는 Instances를 선택한다. 그런 다음 오른쪽 목록에서 앞에서 생성한 인스턴스를 선택한다. 그러면 아래쪽에 인스턴스에 대한 상세 정보가 나타날 것이다. 여기서 할당된 퍼블릭 IP도 확인할 수 있다.

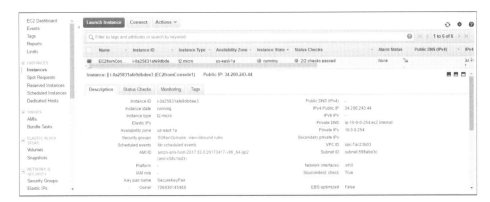

EC2 인스턴스 상세 정보

11. **Connect** 버튼을 클릭해보자. 그러면 SSH 클라이언트를 이용해 인스턴스에 접속하는 방법을 설명하는 창이 나타날 것이다. Windows AMI를 가지고 인스턴스를 생성했을 경우 RDP를 이용한 접속 방법이 나타날 것이다. 이를 참고해 인스턴스의 퍼블릭 IP를 이용해 인스턴스에 접속할 수 있을 것이다. 더 자세한 사항은 다음의 AWS 문서를 참고한다(http://docs.aws.amazon.com/AWSEC2/latest/UserGuide/putty.html).

EC2 인스턴스에 접속

12. 필요할 경우 Actions 버튼을 클릭해 나오는 메뉴 중 Instance State에서 인스턴스를 정지^{stop}시키거나 종료^{terminate}시킬 수 있다.

동작 원리

EC2 인스턴스는 인터넷 게이트웨이가 어태치돼 있는 퍼블릭 서브넷에서 생성됐다. 네트워크 ACL은 모든 접속에 대해 열려 있다. 보안 그룹은 22번 포트를 통한 모든 인바운드 접속에 열려 있다. 따라서 이 인스턴스에 SSH를 추가할 수 있다.

추가 정보

인스턴스에 연동돼 있는 퍼블릭 IP는 고정된 것이 아니다. 우리가 인스턴스를 중단했다가 다시 시작하면, IP 주소가 달라질 것이다. 1장에서 했던 NAT에 Elastic IP를 어태치하는 것과 동일한 방식으로 인스턴스에 Elastic IP를 어태치할 수 있다. 이렇게 하면 인스턴스를 중단했다가 다시 시작해도 IP 주소가 바뀌지 않는다.

프라이빗 서브넷에서 인스턴스를 생성하면 인터넷에서 접속 가능한 인바운드 라우터가 없기 때문에 접속을 할 수가 없다. 하지만 퍼블릭 서브넷에 있는 인스턴스를 통해 접속은 가능하다. 이를 위해 프라이빗 인스턴스의 보안 그룹의 인바운드 룰 세트에 퍼블릭 서브넷의 보안 그룹을 추가해야 한다. 이렇게 프라이빗 서브넷 인스턴스를 세팅하면, 이미 NAT 게이트웨이를 설정해 놓았기 때문에 인터넷에 접속이 가능해진다.

03

VPC의 고급 구성 요소

3장에서는 다음 주제들을 다룬다.

- 한 개의 인스턴스, 한 개의 ENI에 여러 개의 IP를 할당하는 방법
- 네트워크 안에 속해 있는 인스턴스에 액세스하는 방법
- AWS 밖으로부터 인스턴스에 액세스하는 방법
- 애플리케이션 ELB 생성 방법
- launch configuration의 생성 방법
- 오토스케일링 그룹 생성 방법
- VPC 피어링 생성 방법
- VPC 피어링 접속 방법
- 사용자가 생성한 VPC에 대해 VPN으로 접속하기 위한 환경 설정

소개

3장에서는 애플리케이션의 로드 밸런싱을 위한 구성 요소를 생성하는 방법을 자세히 다뤄보려고 한다. 로드 밸런싱은 애플리케이션을 호스팅하는 서로 다른 여러 서버들에게 전달되는 요청을 라우팅하기 위해 꼭 필요한 기능이다. 이를 통해 애플리케이션이 특정 시점에 필요로 하는 트래픽 규모를 기준으로 애플리케이션 호스팅 서비스를 잘 운영할 수 있게 해준다.

보안은 모든 애플리케이션에서 매우 중요한 사항일 것이다. VPC와 VPC, 또 데이터 센터와 VPC 사이에서 통신이 이뤄지도록 하는 구성 요소들을 어떻게 만드는지 배울 것이다. 이를 통해 애플리케이션과 서비스가 서로 안전하게 접속을 할 수 있게 된다.

한 개의 인스턴스, 한 개의 ENI에 여러 개의 IP를 할당하는 방법

Elastic Network Interface^ENI는 가상의 (네트워크) 인터페이스다. 모든 인스턴스에는 기본적으로 네트워크 인터페이스(eth0)가 어태치돼 있다. 여기에 ENI를 추가로 생성해 어태치할 수도 있고 생성했던 ENI를 디태치할 수도 있다. 어태치할 수 있는 ENI의 개수는 EC2 인스턴스 타입에 따라 다르다. ENI는 다음과 같은 속성을 지니고 있다.

- 하나의 프라이머리 IP 주소와 여러 개의 세컨더리 IP 주소를 갖는다. 경우에 따라서 이들은 퍼블릭 IP일 수도 있고, Elastic IP(IPv4)(고정 IP)일 수도 있다.
- 인스턴스 타입과 네트워크가 지원될 경우 하나 이상의 IPv6 주소를 갖는다.
- MAC 어드레스는 1개만 갖고 있다.
- 보안 그룹, 소스/데스티네이션 체크 같은 추가 속성도 갖고 있다.

구성 방법은 1장에서 배웠던 NAT 인스턴스 생성 방법과 비슷하다. 1장에서는 하나의 인스턴스에 Elastic IP를 어태치 했었다. 반면 여기서는 ENI를 생성하고 이것을 EC2 인스턴스에 어태치하는 방법을 설명할 것이다. EC2에 어태치된 ENI의 VPC와 서브넷은 EC2가 속해 있는 VPC와 서브넷과 동일해야 한다.

(앞에서 했던 것처럼) 적절한 권한을 지닌 AWS 계정으로 AWS 콘솔에 로그인한다.

하나의 인스턴스에 여러 개의 IP를 할당하는 방법을 다음 순서에 따라 차근차근 해보자.

1. AWS EC2 콘솔로 간다. 브라우저에 해당 URL(https://console.aws.amazon.com/ec2/)을 즐겨찾기로 등록해 놓는 것도 좋은 방법이다. 왼쪽에 있는 내비게이션 메뉴 중 Network & Security 아래에 있는 Network Interfaces 메뉴를 선택한다. 대시보드상에서, EC2 인스턴스 생성 과정에서 만들어진 ENI 또는 Elastic IP를 볼 수 있을 것이다. Create Network Interface를 클릭한다.

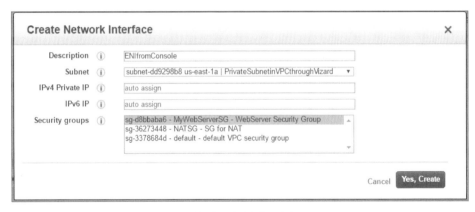

네트워크 인터페이스 생성

2. Description 항목에 나중에 이 ENI에 대해 알아볼 수 있도록 적당한 설명을 입력한다. Subnet 항목에서는 관련 서브넷을 선택한다. IPv4 Private IP와 IPv6 IP에서는 서브넷의 CIDR 대역폭 내의 IP 주소 중 하나를 선택해 입력한다. Security groups 항목 역시 관련 항목을 선택한다. 입력이 모두 끝났으면 Yes, Create 버튼을 클릭한다. 나중에 ENI와 연동된 보안 그룹의 변경도 가능하니 기억해 두자.

3. 이제 대시보드에서 방금 전 생성한 Network Interface를 확인해보자. 상태가 available이라고 돼 있을 것이다.

네트워크 인터페이스 생성

4. 대시보드의 버튼들 중 Attach 버튼을 클릭하면 다음과 같은 창이 뜬다.

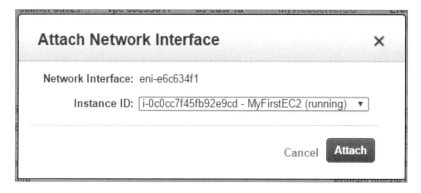

네트워크 인터페이스 어태치

5. ENI에 어태치할 EC2 인스턴스를 선택한다. 그런 다음 **Attach** 버튼을 클릭한다.

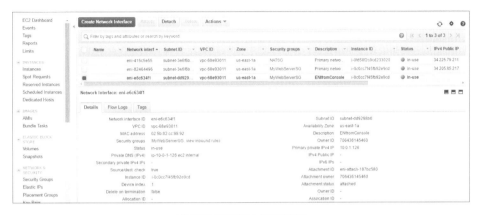

네트워크 인터페이스 어태치 결과

6. 앞의 단계를 잘 완료했다면 상태가 **in-use**로 바뀌어 있을 것이다. EC2 인스턴스의 **Instance ID**는 대시보드 아래쪽의 **Details** 섹션에서 확인할 수 있다. 상황에 따라 네트워크 인터페이스를 디태치할 수 있다. 또 이렇게 디태치한 네트워크 인터페이스를 동일한 서브넷 안에 있는 다른 인스턴스에 어태치할 수도 있다.

추가 정보

이렇게 해 EC2 인스턴스에 2개의 ENI가 어태치됐다. 따라서 ENI에 어태치돼 있는 보안 그룹을 기반으로 한 ENI 중 무엇이든 연동돼 있는 IP를 이용해 해당 EC2 인스턴스에 접속할 수 있게 됐다.

네트워크 안에 있는 인스턴스에 액세스하는 방법

앞에서 우리는 퍼블릭 서브넷 내에 인스턴스를 생성하고 우리의 시스템(예: 로컬 PC)에서 여기에 접속했다. 여기서는 동일한 VPC의 프라이빗 서브넷 안에서 인스턴스를 생성하고 앞에서 생성해 놓은 (퍼블릭 서브넷 내에 있는) 인스턴스에서 여기에 접속하는 방법을 알아보기로 한다. 1장에서 생성한 VPC 안에 프라이빗 서브넷을 만들고 거기서 인스턴스를 생성할 것이다.

적절한 권한, VPC, 서브넷 그리고 앞에서 생성한 퍼블릭 서브넷 내에 있는 EC2 인스턴스 등을 보유하고 있는 AWS 계정으로 AWS 콘솔에 로그인한다.

다음에 설명하는 순서에 따라 네트워크 내에 있는 인스턴스에 접속을 진행해보자.

1. 브라우저에서 https://console.aws.amazon.com/vpc/로 접속해 AWS 콘솔에 로그인한다. 화면의 왼쪽 메뉴에서 Subnets를 선택한 다음, Create Subnet을 클릭한다. 다음 그림에 있는 정보들을 참고해 각자 적절한 값을 입력한 후 Yes, Create 버튼을 클릭한다.

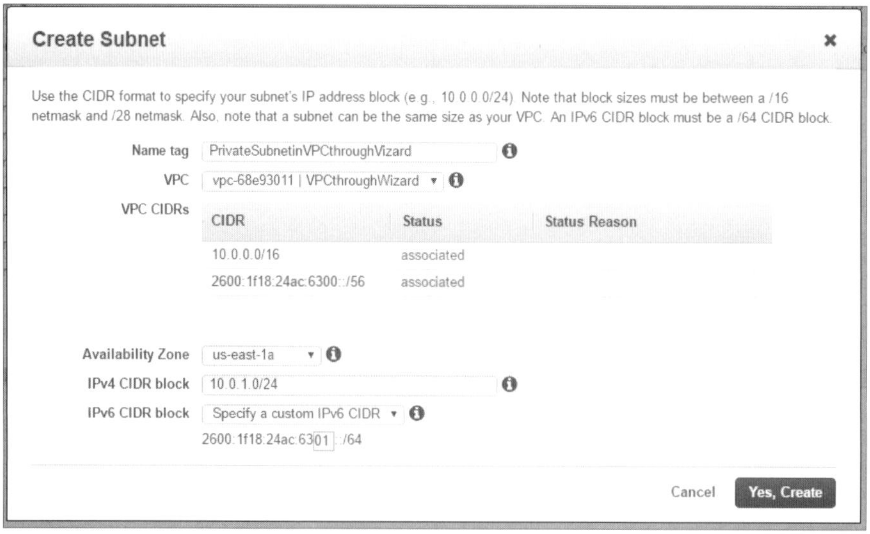

프라이빗 서브넷 생성

2. 2장에서 설명했던 내용을 참고해 EC2 인스턴스를 생성한다. 방금 전 생성한 서 브넷에서 인스턴스를 생성해야 한다. 그리고 이렇게 생성한 인스턴스에는 퍼블 릭 서브넷에 속해 있는 인스턴스만 접속할 수 있도록 적절한 보안 그룹을 할당해 야 한다. 이제 이미 만들어놓은 EC2를 가지고 새로운 인스턴스를 더 생성해보자. **EC2 Dashboard**상에서 **Instances** 현황을 확인한다. 인스턴스 목록 중 방금 전 생 성한 EC2 인스턴스를 선택한다(해당 인스턴스 이름 앞에 있는 네모 상자를 클릭). 그리 고 **Actions** 버튼을 클릭해 나타나는 메뉴들 중 **Launch More Like This**를 선택한다.

앞에서 생성한 인스턴스를 이용해 여러 개의 복제 EC2 인스턴스 생성

3. EC2 생성 리뷰 페이지가 다음과 같이 나타날 것이다.

EC2 생성 리뷰 페이지

4. Edit instance type을 클릭한다. 새로 생성한 인스턴스들에 대해 Subnet 정보를 변경한다. 그런 다음 Review and Launch를 클릭한다.

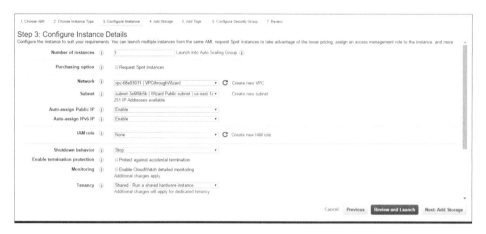

Configure Instance Details 정보 수정

5. 프리뷰 페이지로 돌아간다. 이제 Edit Security groups를 클릭한 다음 Create a new security group을 선택한다. 보안 그룹의 모든 룰에 대해 Security group name과 Description 항목을 적절하게 입력한다. 그러면 퍼블릭 서브넷에서 생성된 인스턴스와 연동돼 있는 보안 그룹 내에서 생성된 인스턴스에 대해 22번 포트가 열려 있을 것이다. 인스턴스와 연동돼 있는 보안 그룹 이름을 복사해 Source 항목에 그림과 같이 붙여 넣는다.

보안 그룹 수정

6. Review and Launch를 클릭한 다음, Edit Tag를 클릭한다. 여러분이 원하는 대로 적절한 값을 입력한다.

EC2 태그 정보 추가

7. Review and Launch를 클릭한 다음, Launch를 클릭한다. 이 단계에서 (EC2 인스턴스에 접속할 때 필요한) 새로운 키를 생성할 수도 있고, 앞에서 만들어 놓은 키를 다시 사용하겠다고 선택할 수도 있다. 여러분이 원하는 대로 선택한 다음 Launch Instances를 클릭한다.

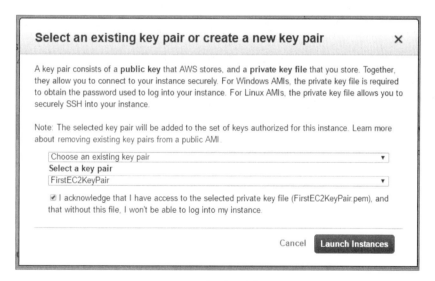

EC2 인스턴스 생성

8. 모든 과정이 잘 진행됐다면 다음과 같은 결과가 뜰 것이다.

EC2 인스턴스 생성 성공 메시지

9. 자, 이제 인스턴스 생성이 성공적으로 끝났으니 대시보드에서 인스턴스 ID를 클릭한다. Status checks에 초록색 불이 켜질 때까지 몇 분만 기다리자. 우선 1장에서 했던 것과 똑같이 퍼블릭 서브넷에 있는 EC2 인스턴스인 MyFirstEC2에 로그인한다(다음 화면 캡처 결과를 참고한다).

퍼블릭 서브넷에 있는 EC2 인스턴스에 접속

10. 사용하기 편한 에디터를 이용해 키 페어용 파일을 하나 만들어보자. 임의로 파일 이름을 지정(여기서는 FirstEC2KeyPair.pem)해 빈 에디터를 열어 놓는다. 그런 다음 로컬 PC에 있는 EC2 키 파일의 내용을 복사해 이 에디터 창에 붙여 넣고 저장한다. 다음 단계로 EC2상에 키 페어 파일이 잘 만들어졌는지 확인하고, chmod 명령어를 이용해 파일의 권한을 변경한다(예: chmod 400 FirstEC2KeyPair.pem). 이제 ssh -i <KeyName> ec2-user@<Private IP of instance> 명령어를 이용해 프라이빗 서브넷에 있는 EC2 인스턴스에 접속해보자(예를 들어, EC2 키 파일 이름이 FirstEC2KeyPair.pem이고 프라이빗 서브넷 내에 있는 EC2 인스턴스의 IP 주소가 10.0.0.240이면 다음 그림에 나와 있는 것처럼 ssh -i "FirstEC2KeyPair.pem" ec2-

user@10.0.0.240을 입력하면 된다). 다음 그림과 같은 결과가 나오면 성공한 것이다. yes를 입력하고 접속을 진행한다.

프라이빗 서브넷에 있는 EC2 인스턴스 접속

11. 프라이빗 서브넷에 있는 인스턴스에 성공적으로 로그인했다. 이제 EC2 콘솔의 IP 주소가 퍼블릭 서브넷에 있는 IP 주소(여기서는 10.0.0.13)에서 프라이빗 서브넷에 있는 IP 주소(여기서는 10.0.0.240)로 바뀐 것을 볼 수 있을 것이다.

프라이빗 서브넷에 있는 EC2 인스턴스 접속 성공

동작 원리

VPC 내에 있는 EC2 인스턴스들은 라우팅 테이블에 있는 라우터를 통해 서로 접속할 수 있다. 여기서 말하는 라우팅 테이블은 인바운드 접속을 허용하는 보안 그룹에서 제공된다. 이 예에서는 프라이빗 서브넷에 있는 인스턴스의 보안 그룹SGPrivate에 대해 퍼블릭 서브넷에 있는 인스턴스의 보안 그룹SGPublic을 추가했다. 이렇게 하면 다른 어떤 인스턴스도 SGPublic에 연동돼 있는 EC2 인스턴스를 거치지 않고는 프라이빗 서브넷에 있는 인스턴스에 접속할 수 없다. 이러한 역할을 하는 서버를 배스천 서버Bastion server(또는 점프 서버jump server)라고 한다. 우리가 퍼블릭 서브넷에 있는 EC2 인스턴스가 여기에 해당된다. 프라이빗 서브넷에 있는 인스턴스에 접속하려면 반드시 배스천 서버를 거쳐야만 한다. 보통 배스천 서버의 보안 그룹은 관리자administrator가 관리하는 IP 주소 목록을 대상으로 접속을 허용하도록 설정돼 있다.

AWS 외부에서 인스턴스에 접속하는 방법

앞에서 우리는 인터넷으로부터 배스천 서버를 거쳐 프라이빗 서브넷 내에 있는 인스턴스에 접속하는데 성공했다. 이제, 윈도우 서버에 접속하는 방법과 마이크로소프트 RDPRemote Desktop Protocol를 통해 접속하는 방법을 알아보자. 이 작업을 위해서는 윈도우 OS가 설치된 머신만 있으면 된다.

준비 사항

(앞에서 했던 것처럼) 적절한 권한을 지닌 AWS 계정으로 AWS 콘솔에 로그인한다.

AWS 외부에서 인스턴스에 액세스할 수 있도록 다음 순서대로 따라 해보자.

1. EC2 콘솔로 들어가 Launch Instance를 클릭한다. 그런 다음 화면에서 Microsoft Windows Server 2016 Base AMI를 선택한다.

Windows AMI 선택

2. 화면에 있는 여러 가지 항목에 대해 차례대로 선택 또는 입력한다. Choose Instance Type 페이지에서 t2.micro를 선택한 후 Next: Configure Instance Details를 클릭한다. Network 항목에서 우리가 현재 사용 중인 VPC를 선택한다. Subnet 항목에는 우리가 생성한 퍼블릭 서브넷을 선택한다. Auto-assign Public IP는 enable을 선택한다. 나머지는 그대로 두고 Next: Add Storage 버튼을 클릭한다. Storage 관련 페이지에서도 현재 설정된 값을 그대로 유지한 채로 Next: Add Tags 버튼을 클릭한다. 여기서도 앞에서 했던 것처럼 필요한 항목에 대해 값을 입력하고 Next: Configure Security Group 버튼을 클릭해 다음 단계로 넘어간다.

Configure Instance Details 입력

3. RDP 포트는 모든 IP 주소에 대해 접속이 가능한 상태일 것이다. 필요한 수준을 고려해 접속 가능한 IP 대역을 수정한다.

Windows 인스턴스의 보안 그룹

4. Review and Launch를 클릭한 다음 Launch를 클릭한다. Choose an existing key pair를 선택한 다음 Launch Instance를 클릭한다. 그러면 **EC2 대시보드**에서 퍼블릭 IP가 할당된 인스턴스를 볼 수 있을 것이다.

EC2 콘솔의 Windows 인스턴스

5. EC2를 선택한 다음 Connect를 클릭한다. 그리고 Download Remote Desktop File 버튼을 클릭해 파일을 다운로드해 저장한다.

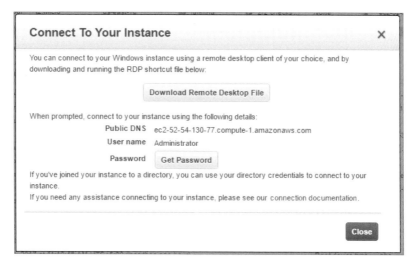

Windows 인스턴스 접속 가이드

6. Get Password를 클릭하면 다음과 같은 창이 뜰 것이다. 여기서 Key Pair Path를 선택한다. 그 다음 Decrypt Password 버튼을 클릭한다. 패스워드가 화면에 나타날 것이다. 이 패스워드를 복사해 저장해 둔다.

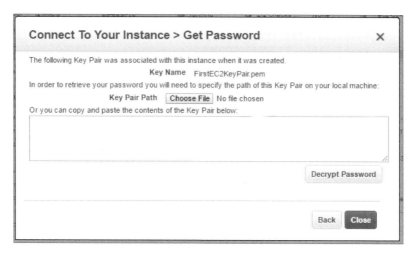

Windows 인스턴스 패스워드 생성

7. 앞에서 다운로드한 RDP 파일의 바로가기 아이콘을 클릭해 실행시킨 다음, 사용자 ID와 패스워드를 입력한다. 이를 통해 해당 인스턴스에 접속할 수 있을 것이다(다음 그림도 참고한다).

Windows 인스턴스 접속

애플리케이션 ELB 생성

AWS에는 트래픽 로드 밸런싱을 위한 ELB^{Elastic Load Balancer}라는 서비스가 있다. AWS의 ELB는 크게 두 가지 서비스로 구분할 수 있다.

- 고전 ELB
- 애플리케이션 로드 밸런서^{ALB}

고전 ELB는 EC2 인스턴스들의 단일 세트에 대한 요청을 포워드할 수 있다. 애플리케이션 로드 밸런서^{ALB}는 애플리케이션의 콘텐트, 경로, 호스트 등을 기준으로 한 애플리케이션의 요청을 포워드하는 역할을 담당한다. 고전 ELB의 경우 네트워크 레이어 4(트랜스포트 레이어)와 네트워크 레이어 7(애플리케이션 레이어)에 대한 부하를 제어할 수 있다. ALB의 경우는 네트워크 레이어 7(애플리케이션 레이어)의 프로토콜에 대한 부하만 처리할 수 있다.

(앞에서 했던 것처럼) 적절한 권한을 지닌 AWS 계정으로 AWS 콘솔에 로그인한다.

수행 방법

다음 순서대로 따라 해보자.

1. 브라우저에서 https://console.aws.amazon.com/ec2를 이용해 AWS EC2 콘솔로 간다. 화면 왼쪽 메뉴에서 LOAD BALANCING의 하위 메뉴 중 Load Balancers를 클릭한다. 그런 다음 나타나는 화면에서 Create Load Balancer를 클릭한다.

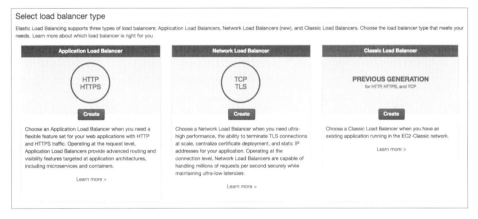

로드 밸런서 타입 선택

2. Application Load Balancer를 선택한 다음 Continue 버튼을 클릭한다. 이어서 나타나는 화면에서 로드 밸런서의 Name, Scheme(인터넷으로부터 오는 요청인지, AWS 내부에서 오는 요청인지 선택), **IP 주소 타입** 정보(듀얼 스택을 지원하는지, IPv4만 지원하는지 등을 선택) 등의 정보를 입력한다. 만약 듀얼 스택을 선택했다면, 여러분이 만든 VPC와 서브넷은 IPv4와 IPv6 포트를 모두 지원할 것이다. 이어서 어떤 프로토콜(HTTP/HTTPS)을 고를 것인지, 해당 프로토콜에서 사용할 포트 번호 등을 Listeners 항목에서 설정한다. 다음으로 로드 밸런서를 생성할 VPC를 선택하고,

로드 밸런서 인스턴스가 생성될 AZ를 최소 2개 이상 선택한다. 인터넷으로부터 들어오는 요청을 처리할 로드 밸런서를 만들 경우 관련 서브넷은 인터넷 게이트 웨이IGW와 어태치돼 있어야 한다. 마지막으로 태그 정보도 적절하게 입력한다. 모든 작업을 마친 후, Next: Configure Security Settings: 버튼을 클릭한다.

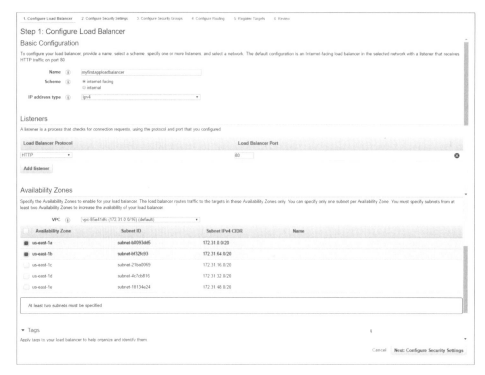

로드 밸런서 기본 정보 입력

3. 참고로 HTTPS 리스너Listener를 선택했다면 보안 인증을 해야 한다. 이 책에서는 HTTP를 선택했기 때문에 이 단계에서 따로 환경 설정을 하지 않는다. 이제 화면에서 Next: Configure Security Group 버튼을 클릭해 다음 단계로 넘어가자. 다음 그림을 참고해 Create a new security group을 선택한 다음, Security group name 과 Description에 관한 정보를 입력한다. 아울러 룰Rule 정보에서 우리가 이전 단계에서 선택한 HTTP 프로토콜, 80번 포트 등을 동일하게 입력한다. 특히 룰 정보 입력 시 Source에는 요청이 발생하는 소스 IP의 대역을 입력하면 된다. 이 책에서는 모든 요청을 받을 수 있도록 CIDR 대역(0.0.0.0/0)을 설정했다.

보안 그룹의 환경 설정

4. 이제 Next: Configure routing 버튼을 클릭해 다음 단계로 넘어간다. 우선 타깃 그룹target group에 대한 이름을 입력한다. 여기서 말하는 타깃 그룹이란 로드 밸런서가 트래픽을 전달할 서버 전체가 포함된 논리적 그룹logical group에 해당된다. 서버가 동작하는 서비스의 **프로토콜**과 **포트** 번호도 입력한다. Health Checks에서는 서버가 정상 작동 중인지 여부를 확인하기 위해 일정 주기에 따라 로드 밸런서가 요청을 보내도록 하기 위한 설정값을 입력한다.

로드 밸런서의 라우팅 관련 환경 설정

5. 대시보드에서는 이미 실행 중인 인스턴스 목록을 보여준다. 하지만 아직 VPC에 인스턴스를 하나도 만들지 않았기 때문에, 여러분의 대시보드상에는 목록이 텅 비어 있을 것이다. 만약 인스턴스가 있으면 아무거나 선택할 수 있다. 하지만 여러분이 인스턴스를 추가했다는 것만으로 동작한다는 건 아니라는 점을 잘 기억하기 바란다. 이 서비스는 앞에서 해놓은 Health Checks 세팅에 대한 응답도 할 수 있도록 해야 하고, 서버의 보안 그룹이 ELB로부터 요청을 받도록 수정돼야 한다. 자, Next: Review 버튼을 클릭하자.

6. 전체 내용을 검토한 다음 Create 버튼을 클릭한다. 잠시 후 성공 메시지가 화면에 나타나는지 확인한 후 Close 버튼을 클릭한다. 이제 앞에서 애플리케이션 로드 밸런서ALB의 상세 내용을 볼 수 있다. 타깃 그룹 서버를 통해 호스팅되는 서비스에 액세스하기 위해 사용 가능한 로드 밸런서의 DNS도 확인할 수 있다.

로드 밸런서 상세 정보

동작 원리

로드 밸런서는 Health Checks 단계에서 입력한 프로토콜Protocol과 경로Path 정보를 이용해 요청을 전송한다. 로드 밸런서와 연동된 서버들 전체에 대해 주어진 특정 응답 시간을 지닌 요청request을 초깃값으로 보낸다. 만약 몇몇 서버가 요청에 대해 사전에 정의된 내부 네트워크를 통해 응답이 없을 경우, 서버의 상태는 OutOfService로 나타날 것이다. 로드 밸런서는 이에 대해 사용자에게 요청을 보내지 않는다. 하지만 로드 밸런서는 정상 동작 여부 확인 요청을 계속 전송하고 있다. 만약 서버 응답이 정상 동작 여부 확인 요청에 대해 제대로 일어나고 있으면 서버의 상태는 InService로 나타날 것이다. 로드 밸런서는 사용자에게 이에 대한 요청을 다시 전달한다. Advanced health check settings는 이러한 요청에 대한 빈도와 서버가 제대로 동작하고 있는지를 판단하기 위한 임계치 값들도 잘 제어할 수 있게 해준다. Next: Register Targets를 클릭하자.

Monitoring 탭을 통해 ELB의 상태를 확인할 수도 있다. 요청 횟수, 에러 발생 횟수 같은 여러 가지 유용한 통계 정보를 얻을 수 있다. Listener에서는 요청을 전달할 또 다른 애플리케이션 그룹을 추가할 수 있는 옵션도 있다.

Launch configuration 생성

Launch configuration은 사전에 정의한 환경 설정 정보를 그대로 이용해 EC2 인스턴스를 생성하기 위한 템플릿을 만드는 방법이라고 생각하면 된다. 로드 밸런서에서 더 많은 인스턴스를 필요로 할 때 이러한 환경 설정 정보를 가지고 추가 인스턴스들을 생성할 수 있다.

준비 사항

(앞에서 했던 것처럼) 적절한 권한을 지닌 AWS 계정으로 AWS 콘솔에 로그인한다.

수행 방법

다음 순서대로 따라 해보자.

1. 브라우저에서 https://console.aws.amazon.com/ec2 URL을 이용해 AWS EC2 콘솔로 간다. 화면의 왼쪽 메뉴에서 **AUTO SCALING**의 하위 메뉴 중 **Auto Scaling Groups**를 클릭한다. 처음 이 메뉴를 사용하는 경우라면 다음 그림과 같은 화면이 나타날 것이다.

Auto Scaling Groups 페이지

2. Create Auto Scaling group 버튼을 클릭한다.

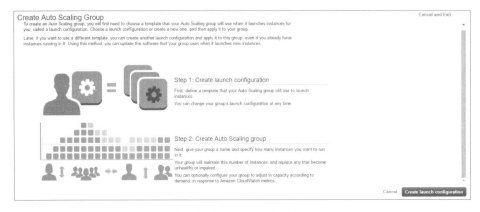

Auto Scaling Group 생성 페이지

3. 이 페이지에서는 오토 스케일링 그룹을 생성하기 전에 Launch configuration 부터 먼저 생성해야 한다고 설명하고 있다. 화면의 왼쪽 메뉴에서 **AUTO SCALING** 의 하위 메뉴 중 launch configurations를 클릭한 다음 Create launch configuration 을 클릭한다. 이후 나타나는 과정은 EC2 인스턴스를 생성할 때와 동일하다. 다음 그림과 같이 여러분이 선호하는 AMI를 선택한다.

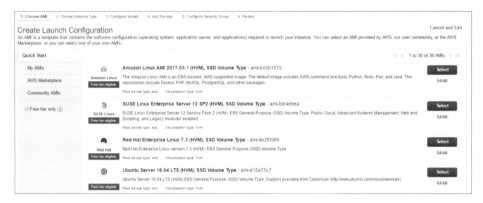

Launch configuration을 위한 AMI 선정

4. EC2 인스턴스 생성을 위해 적절한 인스턴스 타입을 선정한다.

Launch configuration을 위한 인스턴스 타입 선정

5. Next: Configure details를 클릭해 다음 단계로 넘어가자. 우선 화면에서 **Name**을 입력한다. 그리고 **Advanced Details**를 클릭해 나타나는 텍스트 창에 다음 명령어 스크립트를 입력한다. 이 스크립트는 서버에 아파치, PHP, MySQL을 설치하기 위한 것이다. 또 EC2가 실행 중이면 아파치 서버를 자동으로 시작하도록 한다.

```
#!/bin/bash
yum update -y
yum install -y httpd24 php56 mysql55-server php56-mysqlnd
service httpd start
chkconfig httpd on
groupadd www
usermod -a -G www ec2-user
chown -R root:www /var/www
chmod 2775 /var/www
find /var/www -type d -exec chmod 2775 {} +
find /var/www -type f -exec chmod 0664 {} +
echo "< php phpinfo();  >" > /var/www/html/phpinfo.php
```

IP Address Type에서, **Do not assign a public IP address to any instances**를 선택한다. 이는 로드 밸런서를 통해서만 인스턴스에 액세스할 수 있게 하기 위해서다.

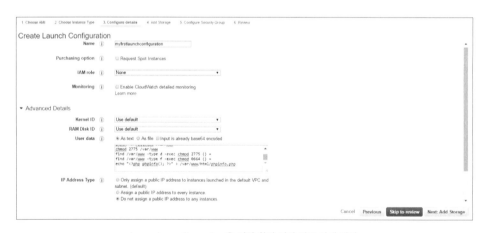

Launch configuration을 위한 환경 설정 정보 상세 입력

6. 이제 Next: Add Storage를 클릭한다. EC2 인스턴스에 어태치할 큰 용량의 스토리지가 필요하면 이 부분을 원하는 대로 수정하면 된다. 여기서는 화면에 주어진 기본값을 그대로 유지한다. 자, 이제 Next: Configure Security Group을 클릭해 다음 단계로 넘어가자. 이 단계에서 우선 Security group name과 Description 정보를 입력한다. 그리고 앞에서 설정해 놓은 로드 밸런서 환경 설정 정보와 동일하게 요청 프로토콜의 Type을 HTTP로, Port Range는 80으로 변경한다. Source 항목에서는 Custom IP를 선택하고 앞에서 만든 로드 밸런서의 보안 그룹을 입력한다(그림 참조).

Launch configuration을 위한 보안 그룹 설정

7. Review를 클릭한다. 앞에서 설정한 전체 정보를 검토하고 필요한 부분을 수정한다. 모두 완료했으면 Create launch configuration을 클릭한다.

Launch configuration 설정 정보 검토

8. EC2 인스턴스 접속에 필요한 키를 선택한다. 여기서 잠깐! 앞의 과정 중 **Configure Security Group** 단계에서 선택한 VPC에 있는 배스천 서버의 보안 그룹을 반드시 추가해야 한다. EC2 인스턴스에 퍼블릭 IP 주소가 없으므로 오토 스케일링 그룹 내에 있는 인스턴스에 접속할 수 있도록 하기 위해서다. Acknowledgement의 체크박스에 표시한 다음 **Create launch configuration** 버튼을 클릭한다.

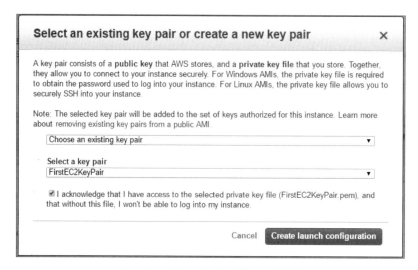

Launch configuration을 위한 EC2 키 선택

9. Launch Configuration 메뉴를 다시 클릭해보자. 우리가 방금 생성한 Launch configuration이 반영된 대시보드를 확인할 수 있을 것이다.

Launch configuration 생성 결과

보통 EC2 인스턴스를 만들고, 필요한 소프트웨어에 대해 환경 설정을 하고, EC2 대시보드의 **Actions > Image > Create Image** 메뉴를 통해 (AMI라는) 가상 머신 이미지를 생성한다. 기타 호환 가능한 가상 머신 이미지도 다시 사용할 수 있도록 AWS에 임포트할 수 있다. 여러분이 필요한 AMI를 생성해 보유하고 있을 경우, **My AMIs** 메뉴에서 확인할 수 있다.

따라서 앞에서 실행한 과정 5의 부트스트랩용 스크립트를 사용하는 대신, EC2 인스턴스를 생성하기 위한 사용자 정의 AMI를 이용해도 된다. 소프트웨어가 이미 EC2에 설치돼 있으므로, 서버가 동작을 시작하는 데 시간이 훨씬 적게 든다. 규모가 큰 소프트웨어를 설치해야 할 경우 시간이 오래 걸릴 수 있으므로 이런 방법을 이용하는 것이 훨씬 효과적이다.

오토 스케일링 그룹 생성

오토 스케일링 그룹은 동일한 애플리케이션을 호스팅하는 인스턴스의 그룹이다. 이 그룹의 인스턴스들은 인스턴스를 관리하고 확장시키기 위한 논리적 그룹으로 취급된다. 애플리케이션상의 부하에 따른 성능 저하가 일어나지 않도록 인스턴스가 몇 대 정도면 적절한지 필요한 수량을 정의할 수 있다.

준비 사항

(앞에서 했던 것처럼) 적절한 권한을 지닌 AWS 계정으로 AWS 콘솔에 로그인한다.

수행 방법

다음 순서대로 따라 해보자.

1. 브라우저에서 https://console.aws.amazon.com/ec2 URL을 이용해 AWS EC2 콘솔로 간다. 화면의 왼쪽 메뉴에서 **AUTO SCALING**의 하위 메뉴 중 **Auto Scaling Groups**를 클릭한다. 오토 스케일링 또는 Launch Configuration을 만들어 놓은 게 아무것도 없다면 다음 그림과 같은 화면이 나타날 것이다.

오토 스케일링 그룹-생성 화면

2. **Create Auto Scaling Groups**를 클릭하면 다음과 같은 화면이 나타날 것이다. 여기서 Create a new launch configuration을 선택할 수도 있고 기존에 만들어 놓은 것을 선택할 수도 있다. 이어서 **Next Step:** 버튼을 클릭한다.

Launch configuration이 포함된 오토 스케일링 그룹(ASG) 생성

3. Group name 항목에 이름을 적절하게 입력하고, 오토 스케일링 그룹ASG에서 생성할 최소한의 인스턴스 개수를 Group size 항목에 입력한다. Network 항목에서 VPC도 적절하게 선택한다. 오토 스케일링 그룹에서 생성될 인스턴스들에 대해 AWS 정보를 제공할 하나 이상의 서브넷도 선택한다. 나머지 Advanced Details 는 기존 값들을 그대로 유지한 채로 Next: Configure scaling policies를 클릭한다. 여기서 주의할 점은 Launch configuration의 보안 그룹과 연동돼 있는 VPC를 선택해야 한다.

오토 스케일링 그룹의 상세 정보 생성

4. 이어서 나타나는 화면에서 Keep this group at its initial size를 선택해도 된다. 반면 다른 옵션을 선택했을 경우 이 그룹에서 인스턴스의 개수를 늘리고 줄이기 위해 필요한 정책policies을 정의해야 한다. 다음 그림을 참고해 이 그룹에서 생성 가능한 인스턴스의 최소/최대 개수를 입력한다.

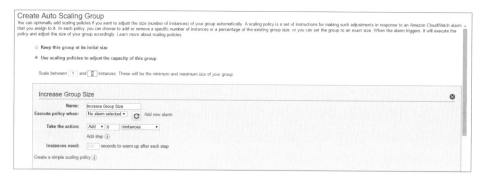

Create Auto Scaling Group
You can optionally add scaling policies if you want to adjust the size (number of instances) of your group automatically. A scaling policy is a set of instructions for making such adjustments in response to an Amazon CloudWatch alarm
that you assign to it. In each policy, you can choose to add or remove a specific number of instances or a percentage of the existing group size, or you can set the group to an exact size. When the alarm triggers, it will execute the
policy and adjust the size of your group accordingly. Learn more about scaling policies.

○ Keep this group at its initial size

◉ Use scaling policies to adjust the capacity of this group

Scale between 1 and 5 instances. These will be the minimum and maximum size of your group

Increase Group Size   ✖

Name: Increase Group Size
Execute policy when: No alarm selected ▼ ↻ Add new alarm
Take the action: Add ▼ 0   Instances ▼
                   Add step ⓘ
Instances need: 300   seconds to warm up after each step
Create a simple scaling policy ⓘ

오토 스케일링 그룹의 규모 설정

5. 오토 스케일링 그룹의 크기를 늘리고 줄일 수 있도록 **Add new alarm** 링크를 클릭한다. 그룹 내에서 새로운 인스턴스를 추가하기 위해 필요한 정책을 정의하는 창이 나타날 것이다. 여기서 여러 가지 파라미터와 조건을 선택할 수 있다. 또 이러한 이벤트가 발생했을 때 이메일로 받아볼 수 있도록 설정할 수도 있다. 여기서는 인스턴스의 평균 CPU 자원 사용률이 70% 이상인 상태가 5분 이상 지속될 경우 인스턴스를 하나 더 생성해 오토 스케일링 그룹에 추가하게 하는 정책을 정의했다(그림의 상세 내용을 확인해보기 바란다). 이제 **Create Alarm** 버튼을 클릭한다.

Create Alarm   ✖

You can use CloudWatch alarms to be notified automatically whenever metric data reaches a level you define.
To edit an alarm, first choose whom to notify and then define when the notification should be sent.

☐ Send a notification to: NotifyMe (satyajitdas75@gmail.com, +1 i ▼

Whenever: Average   ▼ of CPU Utilization   ▼
Is: >= ▼ 70   Percent
For at least: 1   consecutive period(s) of 5 Minutes ▼
Name of alarm: awsec2-firstautoscalinggroup-High-CPU-Utilizati

CPU Utilization Percent

60
40
20
0
       7/1   7/1   7/1
       02:00   04:00   06:00
■ firstautoscalinggroup

                                        Cancel   **Create Alarm**

오토 스케일링 그룹의 규모에 대한 알람 설정

6. 마찬가지로 인스턴스의 평균 CPU 자원 사용률이 30% 이하인 상태가 5분 이상 지속될 경우 인스턴스를 줄이는 정책도 다음 그림과 같이 정의할 수 있다.

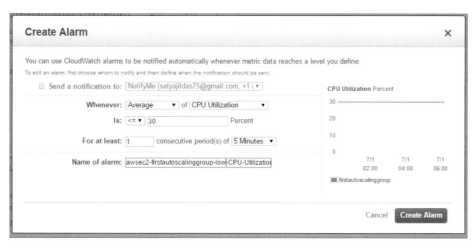

오토 스케일링 그룹의 규모에 대한 알람 설정

7. 다음 그림을 참고해 앞에서 정의한 정책에 해당하는 이벤트가 발생했을 때 추가하거나 제거할 인스턴스의 개수를 적절하게 입력한다. 그런 다음 Review 버튼을 클릭한다.

오토 스케일링 그룹의 규모에 대한 정책 설정

8. 세부 사항을 확인한 후, Create Auto Scaling group 버튼을 클릭한다.

오토 스케일링 그룹 생성 정보 Review 화면

9. 오토 스케일링 그룹이 생성될 때까지 잠시 기다린다. 생성이 완료됐으면 그림과 같이 메뉴로 돌아가서 방금 생성된 오토 스케일링 그룹이 있는지 확인해보자.

생성된 오토 스케일링 그룹의 세부 정보

10. 한 가지 주의할 점이 있다. 임의의 인스턴스가 1개 생성되고 나면 인스턴스 칼럼이 1이라는 값이 나타날 때까지 약간의 시간이 걸릴 수 있다. 인스턴스를 삭제할 때도 오토 스케일링 그룹에서 정의된 인스턴스의 최소 개수보다 1만큼 큰 개수의 인스턴스가 생성될 것이다. 로드 밸런서를 오토 스케일링 그룹과 연동시키려면 Edit 버튼을 클릭하고 Details 탭으로 간다. 여기서 로드 밸런서와 타깃 그룹을 입력한 다음 Save 버튼을 클릭하면 된다.

생성된 오토 스케일링 그룹의 세부 정보

11. 마찬가지로, 오토 스케일링 그룹의 Edit와 Delete 작업을 위해 Actions 메뉴에서 적절한 오토 스케일링 그룹을 선택할 수도 있다. 만약 오토 스케일링 그룹을 삭제하면, 이 그룹과 연동돼 있는 인스턴스들도 같이 종료terminate된다.

추가 정보

오토 스케일링 정책은 사용 가능한 CloudWatch 통계 정보를 이용해 정의할 수도 있다. 사용자가 직접 정의한 CloudWatch 메트릭을 이용해 오토 스케일링 그룹의 정책을 정의할 수도 있다. 최소 인스턴스의 개수를 0으로 지정하면, 오토 스케일링 그룹을 삭제하지 않았어도 인스턴스가 생성되지 않을 수 있다.

특정 일정에 맞춰서 인스턴스의 개수를 조절하고 싶으면 해당 스케줄을 기반으로 액션Actions을 정의할 수도 있다.

VPC 피어링 생성

임의의 VPC에 속해 있는 인스턴스들은 다른 VPC의 인스턴스와 격리돼 있다. 프라이빗 IPv4, IPv6 주소를 이용해 인스턴스들 간에 통신을 하기 위해서는 VPC 피어링을 생성해야 한다. 동일한 리전 내에 있는 2개의 VPC들 사이에 피어링을 생성할 수 있다. 이들 VPC는 동일한 AWS 계정에서 생성됐을 수도 있고, 서로 다른 계정에서 생성됐을 수도 있다. 여기서는 하나의 AWS 계정에서 생성된 VPC 간에 VPC 피어링을 생성하는 방법을 알아보기로 한다.

 2018년 12월 AWS에서는 Transit Gateway라는 새로운 서비스를 출시했다. 이를 통해 전체 네트워크 아키텍처를 단순화하고 운영 오버헤드를 줄이며 보안을 비롯한 외부 연결의 중요한 사항을 중앙에서 관리할 수 있다.

준비 사항

(앞에서 했던 것처럼) 적절한 권한을 지닌 AWS 계정으로 AWS 콘솔에 로그인한다.

수행 방법

다음 순서대로 따라 해보자.

1. VPC 콘솔 메뉴로 간다. 왼쪽 메뉴에서 Virtual Private Cloud의 하위 메뉴 중 Peering Connections를 선택한다.

VPC Peering Connection 생성

2. Create Peering Connection 버튼을 클릭한다. 화면에서 Peering connection name tag, VPC(Requester), VPC(Accepter) 항목에 적절한 정보를 입력한다. 이어서 화면 아래에 있는 Create Peering Connections 버튼을 클릭한다.

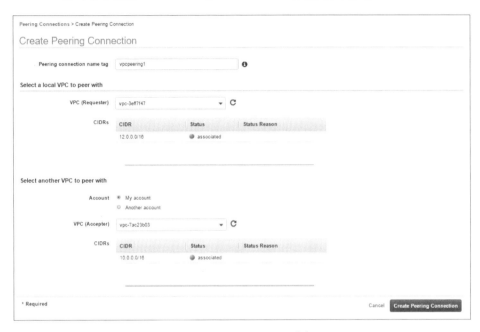

VPC Peering Connection 생성

3. 대시 보드에서 생성한 Peering Connection 결과를 확인할 수 있다. 하지만 현재 상태는 Pending Acceptance로 돼 있을 것이다.

VPC Peering Connection 생성

VPC 피어링 접속 방법

피어링은 VPC의 수신 측accepter에서 피어링 요청을 받아들여야 완료된다. 또 VPC의 라우팅 테이블에 네트워크 트래픽을 활성화시켜야 한다.

준비 사항

(앞에서 했던 것처럼) 적절한 권한을 지닌 AWS 계정으로 AWS 콘솔에 로그인한다. 앞 단계의 VPC 피어링 생성을 위한 과정을 우선 완료해야 한다.

수행 방법

다음 순서대로 따라 해보자.

1. VPC 콘솔 메뉴로 간다. 왼쪽 메뉴에서 Virtual Private Cloud의 하위 메뉴 중 Peering Connections를 선택한다. 그런 다음 오른쪽 대시보드에서 Actions 버튼을 클릭해 나타나는 메뉴 중 Accept Request 메뉴를 선택한다.

VPC 피어링 접속 액션

2. 다음과 같은 창이 뜰 것이다. 여기서 Yes, Accept를 클릭한다. 그러면 최종 확인 창에서 Modify my route tables now가 나타날 텐데, 여기서 라우팅 테이블 페이지로 이동하도록 클릭할 수 있다. 그런 다음 Close를 클릭한다.

VPC 피어링 접속 요청 accept

3. 상태가 **Active**로 바뀐 것을 확인할 수 있다.

4. **Actions** 버튼을 클릭해 나타나는 하위 메뉴 중 **Edit DNS Settings**를 클릭하면 다음과 같은 화면이 나타날 것이다. 여기서 그림과 같이 DNS resolution을 허용하도록 체크박스에 표시한다. 그리고 **Save** 버튼을 클릭한다.

VPC 피어링 접속을 위한 DNS 세팅

5. 이제 DNS 세팅이 활성화된 것을 확인할 수 있을 것이다. 피어링 접속을 삭제하려면 **Actions** 버튼을 클릭해 나타나는 하위 메뉴 중 **Delete VPC Peering Connection**을 클릭하면 된다.

VPC 피어링 접속의 세부 정보

6. 다시 VPC 피어링 접속과 연동돼 있는 VPC로 돌아가보자. 해당 VPC의 라우팅 테이블을 클릭한다. 그리고 **Edit** 버튼을 클릭한 다음 그림과 같이 다른 VPC의 CIDR 대역에 대한 VPC 피어링의 라우터를 추가한다. 그리고 **Save** 버튼을 클릭한다. 다른 VPC 라우팅 테이블에 대해서도 동일한 작업을 수행한다.

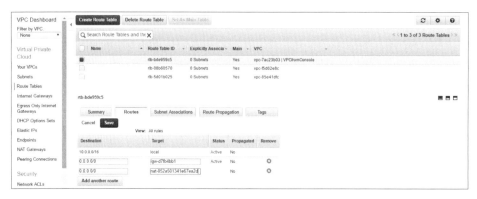

VPC 피어링 접속 기능을 포함하고 있는 VPC의 라우팅

7. 하나의 VPC에 있는 인스턴스와 다른 VPC 피어링 접속을 이용해 통신할 수 있는 환경이 마련됐다.

추가 정보

VPC에 활성화 돼 있는 퍼블릭 호스트명이 없는 경우 앞에서 수행한 과정 중 마지막 단계에서 에러가 날 수도 있다. 이럴 경우 VPC 콘솔에서 해당 VPC를 선택한다. 그런 다음 **Actions** 버튼을 클릭해 나타나는 메뉴 중 **Edit DNS Hostname**을 선택한다. 이어서 **yes**를 클릭하고 저장한다. 이렇게 한 다음 앞에서 설명한 마지막 단계를 다시 시도해보고 VPC 피어링 환경 설정 작업도 수행해보기 바란다.

피어링돼 있는 여러 VPC들 간의 라우팅 환경 설정 방법

여러 VPC 간에 통신이 가능하도록 하려면 VPC 각각에 대해 피어링을 생성해야 한다. 만약 A, B, C 3개의 VPC 가 있고 이들에 대해 피어링 접속을 생성하고자 할 경우, A-B, B-C, A-C 형태로 연결을 생성해야 한다.

VPC 피어링 접속에 대한 제약 사항

VPC 피어링 접속 관련해 다음과 같은 제약 사항이 있다.

- CIDR 대역이 겹치는 VPC들 간에는 피어링을 생성할 수 없다.
- 서로 다른 리전에 있는 VPC들 간에는 피어링을 생성할 수 없다.
- VPC 피어링은 유니캐스트 리버스 패스 포워딩^{Unicast reverse path forwarding}을 지원하지 않는다.
- VPC 피어링은 전이성^{transitivity}을 지원하지 않는다. 즉 VPC A와 VPC B 사이에 피어링으로 연결돼 있고, VPC B와 VPC C가 피어링으로 연결돼 있으며, VPC A와 VPC C 사이에는 VPC 피어링이 돼 있지 않다고 가정했을 때 VPC A와 VPC C간에 통신은 불가능하다(바꿔 말하면 VPC A와 VPC B 간의 피어링 그리고 VPC B와 VPC C 간의 피어링이 돼 있으니 VPC A와 VPC C 사이에서도 잠재적으로 통신이 가능할 거라고 생각하면 안 된다는 얘기다).

VPC 피어링 접속에 대한 액세스 제어

VPC 피어링 연결은 기본적으로 IAM 사용자에 의해 생성되거나 수정될 수 없다. VPC 피어링 접속을 허용하는 IAM 정책은 IAM 그룹에 생성되고 추가돼야 한다. VPC 피어링 접속이 필요한 사용자는 해당 그룹에 추가돼야 한다.

Amazon VPC에 대한 VPN 연결 관련 환경 설정 방법

기본적으로 데이터 센터 내에 있는 인스턴스와 VPC 내에 있는 인스턴스들 간에는 안전한 통신이 이루어질 수 없다. 이를 해결하려면 IPSec VPN 세팅이 필요하다. VPN 연결은 다음과 같은 세 가지 구성 요소로 이루어져 있다.

- VGW^{Virtual Private Gateway}는 AWS에서 VPN 연결을 담당한다. AWS는 고가용성(HA)을 제공하기 위해 VPC 내에서 2개의 IPSec 터널링을 제공한다.
- CGW^{Customer Gateway}는 데이터 센터에서 VPN 연결을 담당한다. 고가용성을 지원하는 연결 상태를 위해, 데이터 센터 내에 여러 개의 CGW를 설정해야 한다. 이렇게 해야 이들 중 1개에서 장애가 일어나도 연결 상태를 계속 유지할 수 있다.
- VGW와 CGW를 연결하는 VPN 연결이 필요하다.

여러 개의 데이터 센터에 대해 연결을 설정하기 위해, 서로 다른 CGW에 대한 환경 설정과 더불어 동일한 VGW를 지닌 VPN 채널의 환경 설정 작업을 해야 한다.

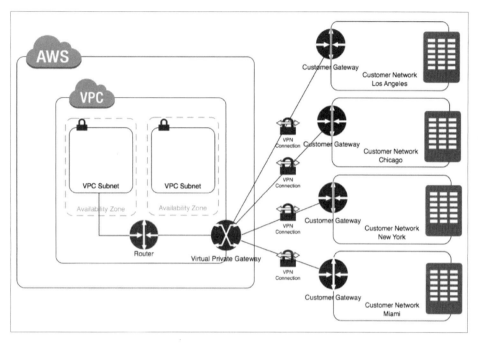

VPC를 이용한 다중 VPN 연결

〔그림 출처〕 http://docs.aws.amazon.com/AmazonVPC/latest/UserGuide/images/Branch_Offices_
diagram.png

준비 사항

(앞에서 했던 것처럼) 적절한 권한을 지닌 AWS 계정으로 AWS 콘솔에 로그인한다.

수행 방법

다음 순서대로 따라 해보자.

1. VPC 콘솔 메뉴로 간다. 왼쪽 메뉴에서 **VPN Connections**의 하위 메뉴 중 **Virtual Private Gateway**를 선택한다. 그런 다음 오른쪽 대시보드에서 **Create Virtual Private Gateway**를 클릭한다.

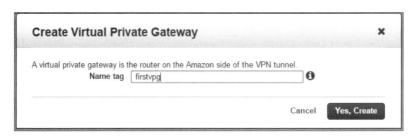

가상 프라이빗 게이트웨이(VGW) 생성

2. **Name tag** 정보를 입력하고 **Yes, Create**를 클릭한다. 이후 **State**가 **detached**로 돼 있음을 화면에서 확인할 수 있을 것이다.

VGW 생성 및 상태

3. **Attach to VPC**를 클릭한다. VGW를 어태치할 VPC를 선택한다. 그런 다음 **Yes, Attach**를 클릭한다.

VPC에 VGW를 어태치

4. 잠시 후 State가 attached로 바뀌었는지 확인한다. 아울러 어태치된 VPC의 상세 정보도 화면에 나타날 것이다. VGW를 삭제하려면 우선 디태치를 수행한 다음, 메뉴의 상단에서 해당 VGW를 삭제하면 된다.

생성 후 어태치 된 VGW

5. 왼쪽 메뉴에서 VPN Connections의 하위 메뉴 중 Virtual Private Gateway를 선택한다. 여기서 Create Customer Gateway를 클릭하자. 화면에 나타난 창에 Name tag, IP address에 대한 정보를 입력한다. Routing은 Static 상태 그대로 둔다. 그런 다음 Yes, Create 버튼을 클릭한다.

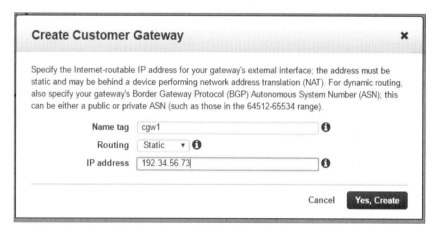

Create Customer Gateway 화면

6. Status가 available인 CGW가 생성됐음을 확인할 수 있다. CGW가 더 이상 필요 없을 경우 Delete Customer Gateway 버튼을 클릭하기만 하면 CGW를 삭제할 수 있다.

사용자 게이트웨이(CGW) 상세 정보

7. 왼쪽 메뉴에서 VPN Connections를 클릭한 후, Create VPN Connection을 클릭한다. 화면에 나타난 창에서 Name tag 정보를 입력한다. 또 Virtual Private Gateway 정보와 Customer Gateway 정보도 선택한다. 그런 다음 Yes, Create 버튼을 클릭한다.

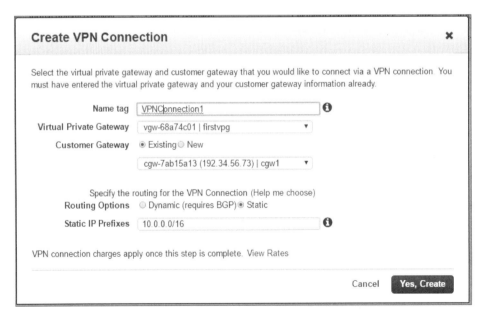

VPN Connection 생성

8. 대시보드에서 방금 생성된 VPN Connection을 확인할 수 있다. 앞에서와 마찬가지로 해당 VPN이 필요 없으면 Delete 버튼을 클릭해 쉽게 VPN을 삭제할 수 있다.

VPN Connection 상세 정보

9. Download Configuration을 클릭한다. 화면에서 Vendor, Platform, Software를 선택할 수 있다. 여기서는 Vendor 항목에서는 Microsoft로, Platform은 Windows Server로, Software는 2012 R2를 선택한다. 그런 다음 Yes, Download를 클릭해 데이터센터 내의 라우터 환경 설정을 위한 파일을 다운로드한다.

환경 설정 파일 내용은 다음과 같을 것이다.

```
! Amazon Web Services
! Virtual Private Cloud
! To configure this VPN connection using the New Connection
Security Rule Wizard
! in the Windows Server 2012 R2 console, use the information below
and refer to
! the AWS VPC Network Administrator Guide for more information:
!
http://docs.aws.amazon.com/AmazonVPC/latest/NetworkAdminGuide/custo
mer-gateway-windows-2012.html
! Your VPN Connection ID
! Your Virtual Private Gateway ID
! Your Customer Gateway ID
! Information needed for the configuration of your VPN connection:
! vgw-68a74c01 Tunnel1
```

```
! --------------------------------------------------------------------
----------------
! Local Tunnel Endpoint:          192.34.56,73
! Remote Tunnel Endpoint:         34.225.227.231
! Endpoint 1:                     [Your_Static_Route_IP_Prefix]
! Endpoint 2:                     [Your_VPC_CIDR_Block]
! Preshared key:                  yM2c0CIQsERVaVPHLPP97zt7NMw0U7tu
! vgw-68a74c01 Tunnel2
! --------------------------------------------------------------------
----------------
! Local Tunnel Endpoint:          192.34.56.73
! Remote Tunnel Endpoint:         34.227.145.250
! Endpoint 1:                     [Your_Static_Route_IP_Prefix]
! Endpoint 2:                     [Your_VPC_CIDR_Block]
! Preshared key:                  jmTUcawwqCh1hs0aPMTdu1kAIhLYOSF2
! Local Tunnel Endpoint:
! The IP address you entered for your customer gateway when you
created
! the VPN connection for your Amazon VPC.
!
! * You should use the private IP address of the Windows Server
2012 R2
! server rather than this IP address when you enter the Local
Tunnel Endpoint
! in the New Connection Security Rule Wizard or in the netsh script
below.
! Remote Tunnel Endpoint
! One of two IP addresses for the Amazon virtual private gateway
that
! terminates the VPN connection on the AWS side of the connection.
! Endpoint 1
! The IP prefix that you entered as a static route when you created
your
! VPN connection. This indicates the IP addresses in your network
that are
! allowed to use the VPN connection to access your Amazon VPC.
! Endpoint 2
! The IP address range (CIDR block) of your Amazon VPC; for
example, 10.0.0.0/16
```

146

! Preshared key
! This is the pre-shared key that is used to establish IPsec VPN connection
! between the Local Tunnel Endpoint and the Remote Tunnel Endpoint.
! Note
! From time to time, AWS will perform routine maintenance on the virtual private
! gateway. This maintenance may disable one of the two tunnels of your VPN
! connection for a brief period of time. Your VPN connection will automatically
! fail over to the second tunnel while this maintenance is performed. To ensure
! uninterrupted service, it's important that you configure both tunnels.
! Configuration Details for IKE and IPsec
! =====================================
! Additional information regarding the Internet Key Exchange (IKE) and IPsec
! Security Associations (SA) are presented below. Because the AWS VPC VPN
! suggested settings are the same as the Windows Server 2012 R2 default IPsec
! configuration settings, minimal work is needed on your part (see QuickModePFS
! below.)
! MainModeSecMethods: DHGroup2-AES128-SHA1
! MainModeKeyLifetime: 480min,0secs
! QuickModeSecMethods: ESP:SHA1-AES128+60min+100000kb
! QuickModePFS: DHGroup2
! MainModeSecMethods
! This specifies the encryption and authentication algorithms for the IKE SA.
! These are the suggested settings for the AWS VPC VPN connection and are the
! default settings for Windows Server 2012 R2 IPsec VPN connections.
! MainModeKeyLifetime
! This specifies the IKE SA key lifetime. This is the suggested

setting for

! the AWS VPC VPN connection and is the default setting for Windows Server

! 2012 R2 IPsec VPN connections.

! QuickModeSecMethods

! This specifies the encryption and authentication algorithms for the IPsec SA.

! These are the suggested settings for the AWS VPC VPN connection and are the

! default settings for Windows Server 2012 R2 IPsec VPN connections.

! QuickModePFS

! The use of master key perfect forward secrecy (PFS) is suggested for your

! IPsec sessions. Enabling PFS isn't possible via the Windows Server 2012 R2

! user interface. The only way to enable this setting is to execute the netsh

! script (below) with QMPFS=dhgroup2

! Dead Gateway Detection

! --

! To configure TCP to detect when a gateway becomes unavailable, run the following

! command to enable Dead Gateway Detection:

reg add HKLM\System\CurrentControlSet\services\Tcpip\Parameters ^
/v EnableDeadGWDetect /t REG_DWORD /d 1

! After you change the registry key, you must reboot the server.

! Netsh script to configure your IPsec VPN connection

! --

! You can automatically configure your IPsec VPN connection by copying and pasting

! the netsh scripts below. Replace the items in brackets [] with the appropriate

! values as indicated above.

! Script for Tunnel 1:

netsh advfirewall consec add rule Name="vgw-68a74c01 Tunnel 1" ^
Enable=Yes Profile=any Type=Static Mode=Tunnel ^

```
LocalTunnelEndpoint=[Windows_Server_Private_IP_address] ^
RemoteTunnelEndpoint=34.225.227.231
Endpoint1=[Your_Static_Route_IP_Prefix] ^
Endpoint2=[Your_VPC_CIDR_Block] Protocol=Any
Action=RequireInClearOut ^
Auth1=ComputerPSK Auth1PSK=yM2c0CIQsERVaVPHLPP97zt7NMw0U7tu ^
QMSecMethods=ESP:SHA1-AES128+60min+100000kb ^
ExemptIPsecProtectedConnections=No ApplyAuthz=No QMPFS=dhgroup2
! Script for Tunnel 2:
netsh advfirewall consec add rule Name="vgw-68a74c01 Tunnel 2" ^
Enable=Yes Profile=any Type=Static Mode=Tunnel ^
LocalTunnelEndpoint=[Windows_Server_Private_IP_address] ^
RemoteTunnelEndpoint=34.227.145.250
Endpoint1=[Your_Static_Route_IP_Prefix] ^
Endpoint2=[Your_VPC_CIDR_Block] Protocol=Any
Action=RequireInClearOut ^
Auth1=ComputerPSK Auth1PSK=jmTUcawwqCh1hs0aPMTdu1kAIhLYOSF2 ^
QMSecMethods=ESP:SHA1-AES128+60min+100000kb ^
ExemptIPsecProtectedConnections=No ApplyAuthz=No QMPFS=dhgroup2
! Additional Notes and Questions
!  - Amazon Virtual Private Cloud Getting Started Guide:
!
http://docs.aws.amazon.com/AmazonVPC/latest/GettingStartedGuide
!  - Amazon Virtual Private Cloud Network Administrator Guide:
!
http://docs.aws.amazon.com/AmazonVPC/latest/NetworkAdminGuide
!  - XSL Version: 2009-07-15-1119716
```

이 환경 설정 파일을 이용해 데이터 센터 내에 있는 라우터를 원하는 대로 설정할 수 있다. 이상으로 데이터 센터에서 AWS로 연동하기 위한 준비 작업을 모두 마쳤다.

04

글로벌 규모의 인프라스트럭처 환경 구성 방법

4장에서는 다음 주제들을 다룬다.

- CLI를 이용한 VPC와 서브넷 생성
- VPN 터널링 – VPC와 데이터 센터 간의 연결망 생성
- 프라이빗 서브넷이 포함된 VPC 생성 및 데이터 센터와의 연결
- 멀티-리전 VPC 통신망 생성
- VPC를 이용한 프라이빗 DNS 세팅
- IPv6로 마이그레이션하는 방법

4장에서는 여러 가지 AWS VPC 네트워크 토폴로지를 빠르게 생성하는 방법을 학습한다. 그리고 하나의 리전 안에서 2개의 VPC를 연결하는 방법을 알아본다. 또 서로 다른 리전에 있는 2개의 VPC를 연결하는 방법도 설명한다. VPC에서 사용할 수 있는 네트워크 토폴로지 중 어떤 것을 선택할 때 다음과 같은 사항들을 고려해 판단하기 바란다.

- **AWS에 배포할 애플리케이션의 가용성**: 하나의 AZ에 배포하는 방식은 그럭저럭 괜찮은 가용성을 제공할 수 있다. 다중 AZ$^{Multi-AZ}$에 배포하는 방식은 단일 AZ를 기반으로 할 때 일어날 수 있는 장애에 대해 고가용성과 장애 허용을 제공한다. 다중 리전에 배포하는 방법은 애플리케이션에 대단히 좋은 고가용성을 제공한다. 이 경우 AWS의 리전 하나가 통째로 장애를 일으키더라도 가용성이 유지된다.
- **퍼블릭 서브넷과 프라이빗 서브넷의 생성**: 퍼블릭 서브넷과 프라이빗 서브넷은 애플리케이션의 레이어별로 요구되는 보안 조건에 맞춰 생성돼야 한다.
- **데이터 센터와 AWS 클라우드 간의 연결망 요구 사항**: 데이터 센터^{DC}와 AWS 클라우드를 안전하게 연결하려면 VPN은 반드시 생성돼야 한다. 하지만 VPN은 인터넷상에서 동작한다. 높은 대역폭과 전용 연결망에는 AWS의 Direct Connect^{DX} 서비스를 기반으로 한 환경 설정 방법을 생각해볼 수 있다. VPN 허브는 여러 개의 데이터 센터와 AWS VPC를 연결하는 용도로 만들 수 있다.
- **서로 다른 VPC 간의 연결망 구성**: 동일한 리전 또는 서로 다른 리전들에 있는 VPC들은 보안과 고가용성을 위해 서로 연결돼야 할 수도 있다.

AWS는 다양한 경우에 맞는 네트워크 토폴로지를 빠르게 생성할 수 있도록 VPC 마법사 기능을 제공하고 있다.

CLI를 이용한 VPC와 서브넷 생성

AWS CLI는 커맨드라인으로 AWS 리소스를 관리하기 편리하게 해주는 인터페이스로 정의할 수 있다. 앞에서는 AWS Management 콘솔에서 AWS 네트워크 구성 요소를 생성하는 방법을 설명했다. 이제부터는 CLI를 통해 이들을 어떻게 생성하는지 배워 보기로 한다. 이를 통해 네트워크 구성 요소를 관리하는 작업을 자동화하기 위한 스크립트 코드를 어떻게 작성하면 되는지 잘 이해할 수 있을 것이다.

준비 사항

여러 가지 명령어를 실행할 수 있도록 시스템에 AWS CLI를 위한 환경 설정 작업을 완료한다.

수행 방법

다음 순서에 따라 작업들을 하나씩 실행시켜 가면서 CLI에서 AWS VPC와 서브넷을 생성해보자.

1. 터미널 창에서 다음 명령어를 실행시킨다.

```
aws ec2 create-vpc --profile user2 --region us-east-1 --cidr-block
10.0.0.0/16 --amazon-provided-ipv6-cidr-block
```

이 명령이는 몇 가지 구성 요소로 이뤄저 있다. 다음 실명을 보자.

- `aws ec2 create-vpc`: VPC 프로파일을 생성하는 명령어다.
- `--profile user2`: VPC를 생성하는 사용자 프로파일을 의미한다. 기본값으로 제공되는 프로파일을 이용해 VPC를 생성하고 싶으면 이 옵션은 넣지 않아도 된다.
- `--region us-east-1`: VPC가 생성될 AWS 리전을 의미한다. 기본값으로 제공되는 리전에 VPC를 생성할 경우에는 이 옵션을 넣지 않아도 된다.

- --cidr-block 10.0.0.0/16: VPC와 연동할 IPv4 CIDR 블럭을 지정한다.
- --amazon-provided-ipv6-cidr-block: 현재는 옵션 사항으로, VPC에 IPv6 을 연동시키고 싶을 때 지정하면 된다.

```
D:\>aws ec2 create-vpc --profile user2 --region us-east-1 --cidr-block 10.0.0.0/16 --amazon-provided-ipv6-cidr-block
    "Vpc": {
        "VpcId": "vpc-23e0795a",
        "InstanceTenancy": "default",
        "Tags": [],
        "Ipv6CidrBlockAssociationSet": [
            {
                "Ipv6CidrBlock": "",
                "AssociationId": "vpc-cidr-assoc-039f0b68",
                "Ipv6CidrBlockState": {
                    "State": "associating"
                }
            }
        ],
        "State": "pending",
        "DhcpOptionsId": "dopt-ad975ccb",
        "CidrBlock": "10.0.0.0/16",
        "IsDefault": false
    }
}
```

CLI를 이용한 VPC 생성

2. Pv4와 IPv6를 모두 지원하는 CIDR 대역이 주어진 (그림에서는 vpc-23e0795a라는 이름의) VPC가 생성됐다는 결과를 화면을 통해 확인할 수 있다.

3. 터미널 창에서 확인한 VPC 생성 결과들은 AWS 콘솔상에서도 확인할 수 있다.

CLI로 생성한 VPC의 결과(AWS 콘솔을 통한 확인)

4. 이제, 다음 명령어를 실행해 VPC 내에 서브넷을 생성해보자.

```
aws ec2 create-subnet --profile user2 --region us-east-1 --vpc-id
vpc-23e0795e --cidr-block 10.0.1.0/24 --ipv6-cidr-block
2600:1f18:4659:5c00::/64
```

이 명령어에는 앞에서 설명한 프로파일과 리전 정보가 포함돼 있다. 이외에 다음 옵션을 살펴보자.

- vpc-id vpc-23e0795e: 서브넷을 생성할 VPC를 지정한다.
- cidr-block 10.0.1.0/24: 서브넷의 IPv4 CIDR의 대역을 지정한다.
- ipv6-cidr-block 2600:1f18:4659:5c00::/64: 서브넷에 연동시킬 IPv6의 대역을 지정한다.

CLI를 이용한 서브넷 생성

5. AWS 콘솔상에서 서브넷 메뉴로도 위의 결과를 확인할 수 있다. 다음과 같은 화면이 나타날 것이다.

CLI를 이용한 서브넷 생성 결과(AWS 콘솔을 통한 확인)

추가 정보

앞에서는 1개의 스크립트로 여러 리전 내에 여러 개의 VPC와 서브넷을 생성할 수 있게 했다. 이외에도 Terraform, Chef, 앤서블 같은 솔루션을 이용해 AWS 구성 요소를 생성하고 관리하는 방법도 있다. 뿐만 아니라 AWS CloudFormation을 이용해 앞에서 했던 작업을 그대로 할 수도 있다. 뒤에서 자세히 설명한다.

VPN 터널링 - VPC와 데이터 센터 간의 연결망 생성

앞에서는 VPC, 서브넷, VPN을 생성하기 위한 여러 가지 방법을 익혔다. 이번에는 VPC, 서브넷, VPN을 한 번에 생성하는 방법을 알아보기로 하자.

준비 사항

적절한 권한, VPC, 서브넷 그리고 앞에서 생성한 퍼블릭 서브넷 내에 있는 EC2 인스턴스 등을 보유하고 있는 AWS 계정으로 AWS 콘솔에 로그인한다.

AWS를 처음 접하는 사용자를 위해 AWS에서는 AWS 네트워킹 기본 구성 요소를 쉽게 생성할 수 있는 방법을 제공하고 있다. 다음 설명에 따라 순서대로 진행해보자.

1. 브라우저에서 `https://console.aws.amazon.com/vpc/`로 접속해 그림과 같이 VPC 대시보드를 연다.

VPC 콘솔 화면

2. Start VPC Wizard 버튼을 클릭하면 다음과 같은 창이 뜰 것이다. 참고로 1장에서 이미 이에 관한 내용을 충분히 배웠다.

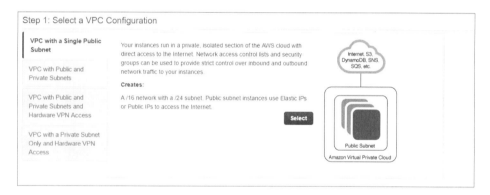

VPC with a Single Public Subnet 화면

3. 화면에서 VPC with Public and Private Subnets and Hardware VPN Access 메뉴를 선택한다. 우리가 생성할 네트워크 구성 요소에 대해 화면에 설명이 나와 있을 것이다.

   - 1개의 VPC
   - 인터넷으로부터 액세스가 가능한 1개의 퍼블릭 서브넷
   - 데이터 센터를 통해 액세스할 수 있는 1개의 프라이빗 서브넷

- AWS 서브넷에 데이터 센터를 연결하는 VPN 연결 1개
- 프라이빗 네트워크를 거쳐 S3 같은 서비스에 연결할 수 있는 서비스 엔드포인트

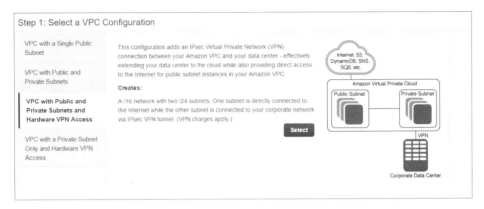

1개의 퍼블릭 서브넷, 1개의 프라이빗 서브넷, VPN 이 포함된 VPC

4. Select 버튼을 클릭한다. 이어서 나오는 화면에서 다음 사항을 입력한다. 퍼블릭 서브넷에 대한 IPv4 CIDR block, IPv6 CIDR block, VPC name, Public Subnet's IPv4 CIDR, Availability Zone 정보를 입력한다. 그리고 프라이빗 서브넷에 대한 Public Subnet name, Private subnet's IPv4 CIDR, Availability Zone, Private subnet name 정보도 입력한다.

VPC, 2개의 서브넷, VPN 생성

5. Add Endpoint 버튼을 클릭한다. 이어지는 화면에서 엔드포인트가 연결돼야 하는 서브넷을 선택할 수 있다. 또 모든 액세스, 맞춤형 액세스 모두 지정할 수 있는 액세스 정책도 지정할 수 있다. 대상 서브넷 그룹을 위한 여러 개의 정책을 지닌 다중 엔드포인트를 어태치하고 싶을 경우에도 **Add Endpoint**를 클릭해 엔드포인트를 추가할 수 있다.

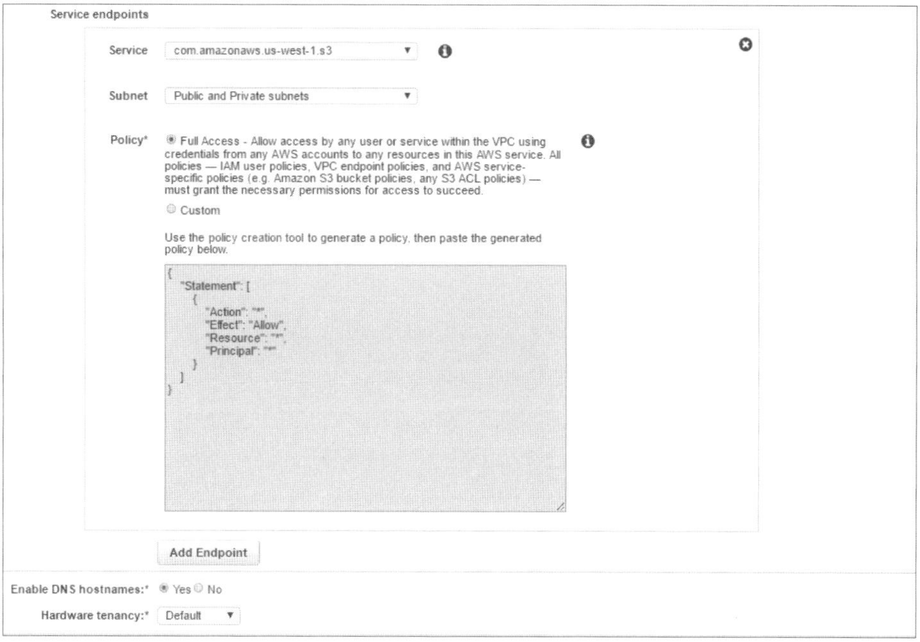

VPC 엔드포인트 생성

6. Enable DNS hostnames와 Hardware tenancy를 선택한 다음 Next 버튼을 클릭한다.

7. VPN 상세 내용을 확인한 후, Create VPC 버튼을 클릭한다.

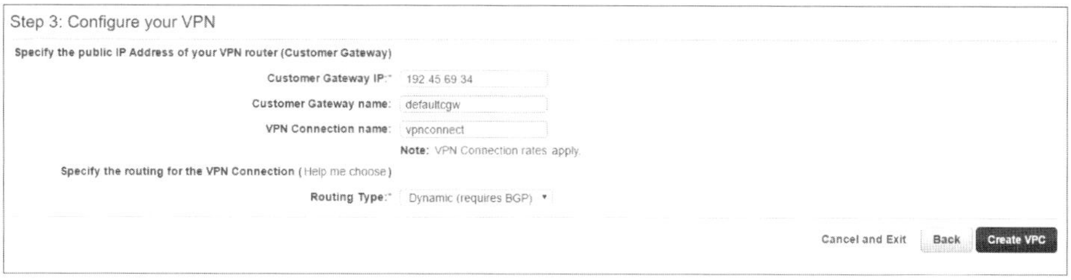

VPN 환경 설정

8. VPN 상세 내용을 확인한 후 Create VPC 버튼을 클릭한다.

생성된 VPC의 상세 정보

9. 아울러 앞에서 생성하고 VPC와 연동된 서브넷도 확인할 수 있다.

생성된 VPC의 서브넷

10. 앞에서 생성하고 VPC와 연동한 VPN 정보도 확인할 수 있다.

생성된 VPC의 VPN

11. Download Configuration을 클릭한 다음, 적절한 옵션을 선택한다. 그리고 Yes, Download 버튼을 클릭해 환경 설정 결과를 다운로드한다.

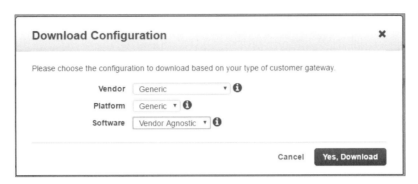

VPN 환경 설정 정보 다운로드

추가 정보

앞에서 다룬 환경 설정의 경우 NAT는 퍼블릭 서브넷에서 생성된 라우터에 어태치되지 않은 상태다. 인스턴스가 인터넷 연결이 필요할 경우 데이터 센터를 통해 연결을 하거나 NAT를 추가로 어태치해야 한다. 퍼블릭 서브넷에 있는 인스턴스들은 인터넷을 통해 또는 VPN을 통해 데이터 센터에 액세스가 가능하다.

프라이빗 서브넷이 포함된 VPC 생성 및 데이터 센터와의 연결

때때로 보안상의 이유로 데이터 센터의 확장 용도로 AWS에 있는 인스턴스를 호스트 서버로 사용할 때가 있을 것이다. 이럴 경우, VPC는 프라이빗 서브넷만 지니고 있고 데이터 센터와는 VPN으로 연결돼 있을 것이다. 이번 절에서는 퍼블릭 서브넷을 생성하지 않고 데이터 센터와 연동하는 방법을 알아보기로 한다.

적절한 권한, VPC, 서브넷 그리고 앞에서 생성한 퍼블릭 서브넷 내에 있는 EC2 인스턴스
등을 보유하고 있는 AWS 계정으로 AWS 콘솔에 로그인한다.

수행 방법

1. 브라우저에서 https://console.aws.amazon.com/vpc/로 접속해 그림과 같이
   VPC 대시보드를 연다.

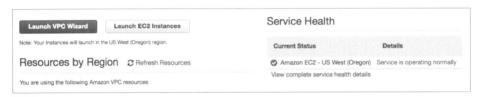

VPC 생성 마법사

2. Launch VPC Wizard 버튼을 클릭한다. VPC with a Private Subnet Only and Hardware
   옵션을 선택해보자. 화면에 나타나는 정보는 다음과 같은 것들을 설명하고 있다.

   - 1개의 VPC
   - 데이터 센터를 통해 액세스할 수 있는 1개의 프라이빗 서브넷
   - AWS 서브넷에 데이터 센터를 연결하는 VPN 연결 1개
   - 프라이빗 네트워크를 거쳐 S3 같은 서비스에 연결할 수 있는 서비스 엔
     드포인트

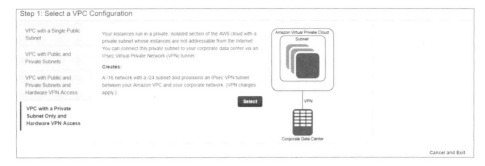

1개의 프라이빗 서브넷과 VPN이 포함된 VPC

3. Select 버튼을 클릭한다. 필요한 상세 정보를 입력한다. 필요할 경우 **Add Endpoint** 를 클릭해 관련 정보를 입력한다. 입력을 다 마친 후 Next 버튼을 클릭한다.

프라이빗 서브넷과 하드웨어 VPN 상세 정보 입력

4. VPN 연결에 대한 상세 정보를 입력한다. 다음 그림과 같은 화면에서 내용을 확 인하고 **Create VPC** 버튼을 클릭한다.

VPN 환경 설정

5. 이제 VPC가 생성 중이라고 화면에 나타날 것이다. **VPC 대시보드**로 가서 다음 그림과 같이 VPC 관련 상세 내용을 확인해볼 수 있다.

생성된 VPC의 상세 정보

멀티-리전 VPC 통신망 생성

때때로 높은 서비스 트래픽을 감당하기 위해 여러 개의 VPC를 하나 이상의 리전에 걸쳐 애플리케이션 호스팅을 해야 할 때가 있을 것이다. 이럴 경우 서로 다른 리전 내에서 VPC 간의 통신이 이뤄지도록 환경을 구성해야 한다. 이를 위한 방법은 여러 가지가 있는데 이번 절에서는 IPSec 기반으로 VPN 솔루션을 구현한 오픈 소스 소프트웨어인 strongSwan을 이용해보기로 한다.

준비 사항

적절한 권한, VPC, 서브넷 그리고 앞에서 생성한 퍼블릭 서브넷 내에 있는 EC2 인스턴스 등을 보유하고 있는 AWS 계정으로 AWS 콘솔에 로그인한다.

1. Oregon(us-west-2) 리전에서 VPC 마법사 메뉴 중 **VPC with a Single Public Subnet** 메뉴를 이용해 VPC를 생성한다. 주요 입력 사항에 대해 다음 그림을 참고해 VPC의 CIDR 대역은 7.0.0.0/16으로, 서브넷은 7.0.0.0/24로 입력한다.

첫 번째 리전에서 VPC 생성

2. 이제 Ohio(us- east-2) 리전에서 VPC 마법사 메뉴 중 **VPC with a Single Public Subnet** 메뉴를 이용해 VPC를 생성한다. 주요 입력 사항에 대해 다음 그림을 참고해 VPC의 CIDR 대역은 8.0.0.0/16으로, 서브넷은 8.0.0.0/24로 입력한다.

두 번째 리전에서 VPC 생성

3. 다시 **Oregon**(us-west-2) 리전으로 돌아간다. 앞에서 만든 VPC와 서브넷을 기준으로 EC2 인스턴스를 생성해보자. 인스턴스 타입은 t2.micro, 운영체제는 Ubuntu AMI를 이용한다. 네트워크 트래픽 관련 보안 그룹 설정은 다음 사항을 참고해 반영한다.

- TCP 22(SSH protocol) from **0.0.0.0/0**
- UDP 500(IKE protocol) from **0.0.0.0/0**
- UDP 4500(IPSec/UDP) from **0.0.0.0/0**
- All TCP from **8.0.0.0/16**(두 번째 VPC)

> ℹ️ 여러분에게 필요한 사항에 맞게 보안 그룹을 설정하면 된다. Key Pairs에서 Key를 생성하고 저장하는 것도 마찬가지다.

AWS 콘솔에서 다음과 같은 화면을 볼 수 있을 것이다.

첫 번째 리전에서 생성한 EC2 인스턴스 정보

4. 다음 그림을 참고해 인스턴스에 대한 Source/Destination을 비활성화한다.

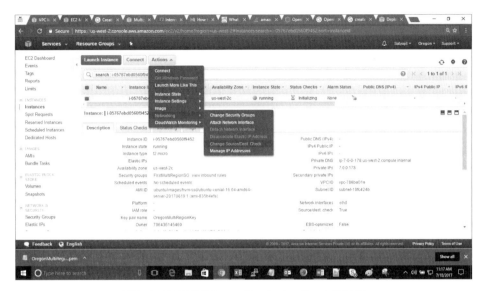

EC2 인스턴스를 위한 Source/Destination Check 비활성화

5. 인스턴스에 Elastic IP를 어태치한다. 다음 스크린샷과 같이 퍼블릭 IP가 할당된 것을 볼 수 있을 것이다.

EC2 인스턴스에 Elastic IP 어태치

6. Ohio(us-east-2) 리전에서도 앞에서 했던 것과 동일하게 인스턴스를 생성한다. Source/Destination check도 비활성화시킨다. EC2 인스턴스 생성 후 Elastic IP도 어태치하자. 앞의 단계 3과 비교했을 때 첫 번째 VPC에서 들어오는 트래픽을 허용하도록 보안 그룹을 설정하는 부분에서 차이가 있다.

- TCP 22(SSH protocol) from **0.0.0.0/0**
- UDP 500(IKE protocol) from **0.0.0.0/0**
- UDP 4500(IPSec/UDP) from **0.0.0.0/0**
- All TCP from **7.0.0.0/16**(첫 번째 VPC)

결과는 다음과 같다.

두 번째 리전에서 생성한 EC2 인스턴스 정보

7. 앞에서 진행한 결과를 바탕으로 Ohio 리전에 있는 인스턴스에 로그인해보자. 로그인할 때 기본 사용자 이름은 ubuntu이다.

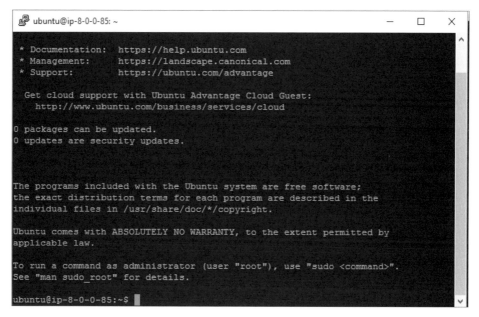

두 번째 리전(Ohio)에서 생성한 EC2에 로그인

8. 인스턴스에서 패킷 포워딩을 활성화하기 위해 다음 명령어를 실행시킨다.

```
sudo sysctl -w net.ipv4.ip_forward=1
```

```
ubuntu@ip-8-0-0-85:~$ sudo sysctl -w net.ipv4.ip_forward=1
net.ipv4.ip_forward = 1
```

IPv4 포워딩 환경 설정

9. 다음 명령어를 실행해 인스턴스에 storngswan 소프트웨어를 설치한다.

```
sudo apt-get install -y strongswan
```

소프트웨어 설치가 끝난 후, 연결을 설정하기 위해 /etc/strongswan/ipsec.conf 파일에서 환경 설정 작업이 필요하다. 양쪽 리전의 EC2 인스턴스에 이 정보를 입력해야 한다. 우선 공통 항목은 다음과 같다.

```
config setup
strictcrlpolicy=no
```

```
charondebug=all
conn %default
ikelifetime=60m
keylife=20m
rekeymargin=3m
keyingtries=1
keyexchange=ikev2
```

Ohio 리전의 EC2 인스턴스에 입력할 추가 정보는 다음과 같다.

```
conn Ohio
authby=secret
auto=start
type=tunnel
left=8.0.0.85
leftid=52.15.254.68
leftsubnet=8.0.0.0/16
leftauth=psk
right=54.148.58.245
rightsubnet=7.0.0.0/16
rightauth=psk
ike=aes128-sha1-modp1024
esp=aes128-sha1-modp1024
```

Oregon 리전의 EC2 인스턴스에 입력할 추가 정보는 다음과 같다.

```
conn Oregon
authby=secret
auto=start
type=tunnel
left=7.0.0.178
leftid=54.148.58.245
leftsubnet=7.0.0.0/16
leftauth=psk
right=52.15.254.68
rightsubnet=8.0.0.0/16
rightauth=psk
ike=aes128-sha1-modp1024
esp=aes128-sha1-modp1024
```

텍스트 에디터에서 파일을 생성하고 저장한다. 왼쪽 항목은 EC2의 IP 주소와 CIDR 대역 정보 그리고 EC2의 환경 설정을 위한 AWS 리전 내 VPC 등을 나타내고 있다. 오른쪽은 다른 EC2, 다른 AWS 리전의 VPC 등에 대한 상세 정보를 담고 있다.

10. 텍스트 에디터에서 /etc/strongswan/ipsec.secrets 파일을 생성하고 다음 정보를 입력해 저장한다. 이 내용은 양쪽 리전의 인스턴스 모두 반영되도록 한다. 퍼블릭 IP와 비밀 키secret key 정보도 여러분의 상황에 맞게 반영한다.

```
<local public ip> : PSK "your key"
<foreign public ip> : PSK "your key"
```

11. 양쪽 리전의 EC2 인스턴스에서 /etc/sysctl.conf 파일을 열고 다음 스크립트 코드를 추가한다(혹시 기억나는가? 그렇다! 인스턴스에서 패킷 포워딩을 활성화하기 위한 설정이다).

```
net.ipv4.ip_forward=1
```

12. 양쪽 리전의 EC2 인스턴스에서 다음 명령어를 실행한다.

```
sysctl -p
```

13. 우리가 생성한 서브넷에 어태치돼 있는 라우팅 테이블로 간다. 그런 다음, 다른 VPC CIDR의 데스티네이션 라우터를 추가하고, 앞에서 생성한 인스턴스 ID로 타깃을 지정한다. 다음 그림을 참고한다.

첫 번째 리전에서 라우팅 테이블 환경 설정

14. 나머지 리전(여기서는 Ohio)에서도 앞에서 했던 작업을 동일하게 수행한다.

두 번째 리전에서 라우팅 테이블 환경 설정

15. 이제 root 사용자 권한으로 다음 명령어를 실행시켜서 strongSwan 소프트웨어 실행을 시작한다.

```
service strongswan start
```

16. 연결 상태를 확인하고 싶으면 다음 명령어를 이용하면 된다.

```
service strongswan status
```

추가 정보

두 번째 리전에 있는 서버로부터 첫 번째 리전에 있는 서버로 ping을 이용해 연결 상태를 확인할 수 있다.

만약 프로덕션 수준으로 환경을 구성하고 운영한다면 보안 정책을 더 강력하게 적용해야 할 수도 있다. 예를 들면 특정 IP 주소 대역에 대해서만 접근을 허용한다든지 패스워드를 더 강력하게 설정하는 식이다.

VPC를 이용한 프라이빗 DNS 세팅

Route 53은 뛰어난 고가용성을 제공하는 AWS의 DNS 서비스다. 외부 라우팅뿐만 아니라 내부 라우팅에도 적용 가능하다. 내부 라우팅은 네트워크 트래픽의 소스와 데스티네이션이 내부 IP로 연결돼 있는 VPC의 내부 네트워크에서 동작하는 것을 의미한다. 프라이빗 네트워크 대역 내에서 연결돼 있는 사용자 또는 애플리케이션에서 쓰일 수 있다. 뿐만 아니라 프라이빗 네트워크는 데이터 센터, VPC 피어링을 통해 연결된 동일 리전 내의 다른 VPC, 안전한 채널로 연결돼 있는 다른 리전의 VPC 등으로 확장도 가능하다.

준비 사항

적절한 권한, VPC, 서브넷 그리고 앞에서 생성한 퍼블릭 서브넷 내에 있는 EC2 인스턴스 등을 보유하고 있는 AWS 계정으로 AWS 콘솔에 로그인한다.

수행 방법

1. VPC 콘솔에서 프라이빗 DNS 환경 설정 작업을 위한 VPC를 선택한다. 다음 그림과 같이 **DNS resolution**과 **DNS Hostnames**를 yes로 체크한다.

VPC DNS resolution과 DNS Hostnames 체크

2. 웹 브라우저에서 https://console.aws.amazon.com/route53/home을 이용해 Route 53 홈페이지로 간다. 이전에 DNS 환경 설정을 한 적이 없으면 다음 그림과 같은 화면이 나타날 것이다.

AWS Route 53 대시보드

3. DNS management 메뉴 아래에 있는 Get started now 버튼을 클릭한다. 그러면 다음과 같은 화면이 나타날 것이다.

호스팅 영역 생성용 화면

4. Create Hosted Zone 버튼을 클릭한다. 화면에 나타나는 항목에 대해 다음 그림을 참고해 입력한다. 우선 Domain Name과 Comment 정보를 적절하게 입력한다. Type 항목에서는 Private Hosted Zone for Amazon VPC를 선택한다. 이 서비스에서 설정할 VPC ID도 선택한다. 모든 입력 작업이 완료됐는지 확인한 후 Create 버튼을 클릭한다.

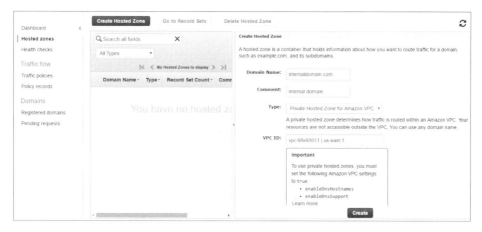

호스팅 영역 상세 정보

5. DNS와 연동된 기본 레코드가 화면에 결과로 나타날 것이다. 해당 레코드 세트를 선택해 속성에 대한 변경 작업도 가능하다.

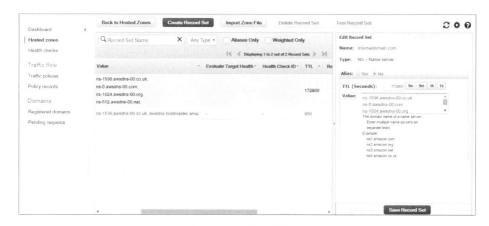

AWS 레코드 세트 상세 정보

6. 필요할 경우 추가 레코드 세트를 생성할 수 있다. 방법은 간단하다. 앞에서처럼 Create Record Set 버튼을 클릭하고, 필요한 정보를 입력하면 된다. 조금 더 자세히 설명하면 Name, Type 정보 등을 우선 입력한다. TTL(Seconds)과 Value도 입력한다. 그런 다음 Create 버튼을 클릭하면 된다. 여기서는 Type으로 A-IPv4 address를 선택했다. 다음 스크린샷을 보면 알 수 있겠지만 앞에서 생성한 EC2 인스턴스의 내부 IP(즉 프라이빗 IP)도 입력했다.

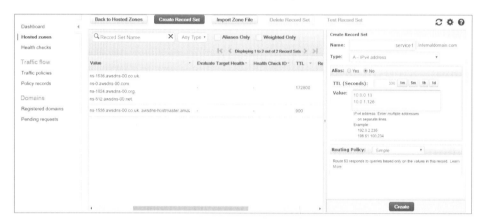

AWS 레코드 세트 생성

7. 생성된 레코드 세트 결과는 다음 그림과 같이 나타날 것이다.

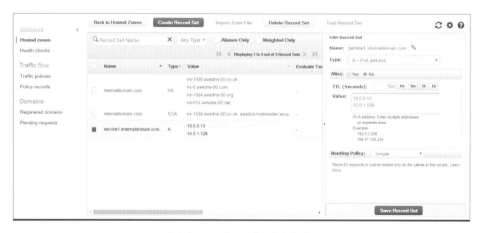

생성된 AWS 레코드 세트의 상세 정보

8. 왼쪽 메뉴에서 Hosted Zones를 선택하면 생성된 호스팅 영역 목록을 확인할 수
있다.

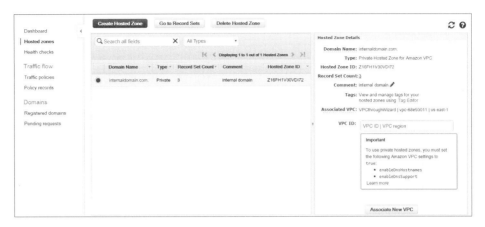

생성된 호스팅 영역

9. Associate New VPC 버튼을 클릭하고 연동돼 있는 VPC를 선택하면 필요한 VPC
를 추가할 수도 있다.

10. ELB로 요청을 포워딩하기 위한 내부 도메인 환경 설정이 필요할 경우에도 앞에
서 했던 과정을 동일하게 수행하면 된다. 달라지는 부분은 Type을 CNAME으로 설
정하고 Value를 ELB DNS 네임으로 하면 된다. 다음 그림을 참고한다.

ELB CNAME 레코드를 위한 레코드 세트

DNS hostname과 DNS support는 프라이빗 DNS의 환경 설정 작업이 필요한 VPC를 위해 활성화해 둬야 한다. 우선 이들의 기본값은 활성화 상태로 설정돼 있다. 만약 활성화돼 있지 않으면 VPC를 선택한 다음 Actions의 하위 메뉴에서 활성화시킬 수 있다.

IPv6로 마이그레이션하는 방법

IPv6 지원 기능은 2016년 12월에 AWS에 추가됐다. 따라서 이보다 이전에 생성된 VPC는 IPv6를 지원하지 않는다. 이 절에서는 IPv4 옵션만 가지고 생성된 VPC에 IPv6 지원 기능을 추가하는 방법을 설명한다.

준비 사항

적절한 권한, VPC, 서브넷 그리고 앞에서 생성한 퍼블릭 서브넷 내에 있는 EC2 인스턴스 등을 보유하고 있는 AWS 계정으로 AWS 콘솔에 로그인한다.

수행 방법

1. 웹 브라우저에서 https://console.aws.amazon.com/vpc/로 접속해 그림과 같이 VPC 대시보드를 연다. 그리고 IPv6 지원 기능이 포함되지 않은 VPC를 선택한다. 다음 스크린샷처럼 IPv6 CIDR 부분이 비어 있는 것을 볼 수 있을 것이다.

VPC의 IPv6 CIDR의 상태 확인

2. **Actions** 버튼을 클릭해 나타나는 메뉴 중 **Edit CIDRs**를 클릭한다. 그러면 다음과 같은 창이 나타날 것이다. 여기서 **Add IPv6 CIDR** 버튼을 클릭한다. 그러면 IPv6 CIDR이 연동될 것이다. 다음 스크린샷을 참고해 동일한 결과가 나타났는지 확인하고 **Close** 버튼을 클릭한다.

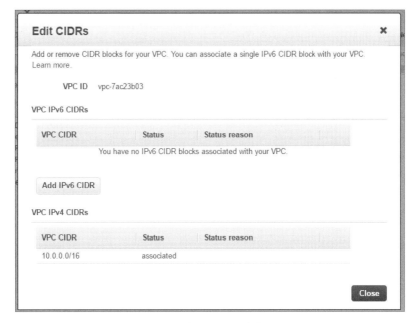

VPC의 IPv6 CIDR 편집

3. Summary에도 결과가 반영됐음을 확인할 수 있다.

IPv6 지원 상태로 변경된 후의 VPC 정보

4. IPv6 CIDR을 활성화하려면, 해당 VPC와 연동돼 있는 서브넷을 선택한다.

IPv6 미지원 상태인 서브넷 정보

5. Subnet Actions를 클릭해 IPv6 CIDR을 편집한다. 우선 **Add IPv6 CIDR** 버튼을 클릭하자. IPv6 CIDR 대역을 편집하고, **체크 표시** 버튼을 클릭한다. 다음 그림의 내용을 참고해 편집이 잘 됐는지 확인한 후 **Close** 버튼을 클릭한다.

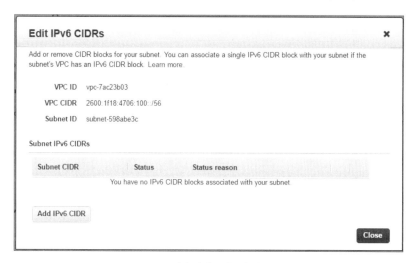

IPv6 지원 상태로 서브넷 편집

6. Summary에도 결과가 반영됐음을 확인할 수 있다.

IPv6 지원 상태로 변경된 서브넷 정보

7. 지금 상태에서 NAT 인스턴스는 IPv6 주소로 동작하지 않는다. 프라이빗 서브넷에서 호스팅되는 인스턴스로부터 트래픽이 밖으로 나갈 수 있도록 활성화하기 위해서는, Egress Only Internet Gateway를 라우팅 테이블과 연동해야 한다. 따라서 Egress-Only Internet Gateway를 생성해야 한다. 다음 그림과 같이 Egress Only Internet Gateways 버튼을 클릭한다.

Egress Only Internet Gateway 대시보드

8. Create Egress Only Internet Gateway를 클릭한다. 드롭다운 메뉴에서 관련 VPC를 연동시킨다. 그리고 Create 버튼을 클릭한다.

Egress Only Internet Gateway 생성

9. 왼쪽 메뉴에서 Routing Tables를 선택한다. 화면에서 VPC의 프라이빗 서브넷과 연동돼 있는 것을 선택한다. 그런 다음 Routes 탭으로 이동한다. 여기서 Edit 버튼을 클릭한 다음 Add another route를 클릭한다. Destination 입력 창에는 ::/0을 입력하고 Target 항목에는 Internet Gateway를 선택한다. 입력을 완료한 후 Save 버튼을 클릭한다.

IPv6 지원을 위한 라우터 정보 수정

10. 왼쪽 메뉴에서 **Security Group**을 선택한다. 화면에서 VPC의 프라이빗 서브넷과 연동돼 있는 것을 선택한다. 그런 다음 **Inbound Rules** 탭으로 이동한다. 여기서 **Edit** 버튼을 클릭한 다음, **Add another rule**을 클릭한다. Destination 입력창에는 ::/0을 입력하고, Source 항목에는 IPv6 CIDR 대역을 적절하게 입력한다. 입력을 완료한 후, **Save** 버튼을 클릭한다.

IPv6을 위한 보안 그룹 설정

11. 네트워크 ACL의 기본 룰을 수정했다면 IPv6을 위한 환경 설정 역시 추가해야 한다. 여기서는 이에 관한 설정을 하지 않았기 때문에 이 단계는 건너뛴다.

12. 마지막으로 EC2 인스턴스에 IPv6 주소를 할당해야 한다. AWS 콘솔 화면에서 EC2 대시보드로 이동하자. 왼쪽 메뉴에서 **INSTANCES**를 선택한다. 그런 다음 **Actions** 버튼을 눌러서 나타나는 메뉴에서 차례대로 **Networking** > **Manage IP Address** 하위 메뉴를 선택한다.

EC2 인스턴스에서 IPv6 지원 설정

13. 다음과 같은 창이 뜰 것이다. IPv6 Addresses 항목 아래에 있는 Assign New IP를 클릭한다. 그리고 Yes, Update 버튼을 클릭한다. 이렇게 하면 인스턴스에 IPv6 주소가 할당될 것이다.

EC2 인스턴스에 IPv6 할당

14. 대시보드를 통해 인스턴스에 성공적으로 IPv6 주소가 할당됐는지 확인한다.

IPv6 주소가 할당된 EC2 인스턴스

추가 정보

모든 EC2 인스턴스 타입이 IPv6와 호환되지는 않는다. 즉 IPv6를 할당할 수 없는 인스턴스가 있을 수 있다. 따라서 IPv6 지원 기능을 추가하려면 먼저 IPv6 호환 가능한 인스턴스 타입으로 변경 작업을 해야 한다.

05

인프라스트럭처 자동화 이용

5장에서는 다음 주제들을 다룬다.

- 생성, 저장, 테스팅 템플릿 – CloudFormation
- CloudFormation상에서 신규 스택 생성
- CloudFormation상에서 스택 수정
- CloudFormation상에서 스택 삭제
- 앤서블 세팅
- 앤서블 설치
- VPC 생성을 위한 앤서블 플레이북 생성

소개

네트워크 인프라스트럭처는 지속적으로 복잡해지고 발전하고 있다. 그리고 네트워크 환경 설정 관리도 빠른 속도와 높은 일관성을 위한 요구가 증가하고 있다.

5장에서는 자동화 스크립트를 이용해 네트워크를 블록 조립하는 형태로 생성하는 방법을 자세히 알아보기로 한다. 자동화 관련 도구로 CloudFormation과 앤서블을 사용한다. 아울러 나중에도 참고할 수 있도록 몇 가지 샘플 플레이북을 소개한다.

AWS의 CloudFormation은 AWS 리소스를 프로비저닝하고 관리할 수 있도록 해준다. CloudFormation 템플릿은 다양한 AWS 리소스를 지원한다. 여러분이 빌드하고 싶은 서비스와 애플리케이션을 위한 템플릿을 생성할 수 있다. 또 단일 EC2 인스턴스 또는 고가용성을 위한 멀티-티어 애플리케이션을 관리하기 위한 템플릿을 생성할 수도 있다. 특히 프로비저닝 리소스들에게 필요한 작업 순서를 자동으로 제어하는 점은 CloudFormation의 가장 뛰어난 기능 중 하나라고 할 수 있다. CloudFormation을 이용했을 때 드는 비용은 따로 없다. 여러분이 CloudFormation을 통해 생성한 리소스에만 비용이 부과된다. 아울러 템플릿 작성 시 YAML, JSON 포맷을 지원한다.

레드햇Red Hat에서 지원하는 앤서블은 다른 데브옵스 툴과 기능면에서 거의 동일한데, 일부 더 뛰어난 기능도 지니고 있다. 앤서블을 이용하면 온-프레미스 인프라스트럭처와 AWS 클라우드를 포함해 어디서든 마이그레이션을 손쉽게 할 수 있다. 아울러 .yaml 언어로 작성한 간단한 플레이북 하나로 인프라스트럭처를 관리하고 애플리케이션을 배포할 수도 있다. 뿐만 아니라 환경변수만 바꿔서 다른 환경에 애플리케이션을 재배포할 수도 있다.

IaaS

IaaS^{Infrastructure as a Service}는 인프라스트럭처 운영을 지원하는 컴퓨터 인프라스트럭처를 아웃소싱하는 클라우드 컴퓨팅 서비스 모델 가운데 하나다. IaaS의 기본 기능은 클라우드 환경에 있는 모든 하드웨어, 서버 랙^{rack}, 스토리지 디바이스, 네트워크 등을 사용할 수 있고, 기본 기능에 대해 다른 사람에게도 사용할 수 있게 하는 것이다.

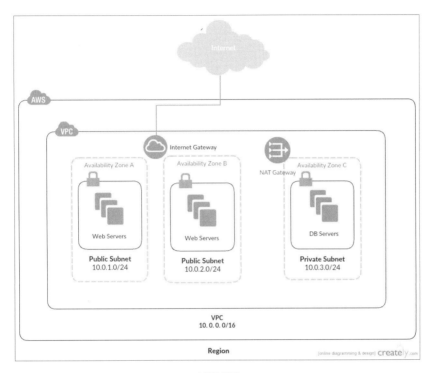

VPC 세팅

자동화가 왜 필요할까

먼저 다음과 같은 가상의 시나리오를 생각해보자.

'어느 날 여러분의 시스템이 구축돼 있는 리전 중 한 군데에 API 관련 문제가 발생했다. 이로 인해 여러분의 비즈니스가 영향을 받기 시작했다. 이와 관련한 긴급 메시지를 한밤중에 전달받았고 시스템이 제대로 동작하도록 조치가 필요하다. 여러분은 서버를 복구하기 위해 노력했지만 달라진 것은 아무것도 없는 듯했다. 결국 어쩔 수 없이 동일한 인프라스트럭처를 다른 리전에 구축해야 하는 상황에 처하게 됐다. 하지만 여러분은 설치해야 할 소프트웨어와 각종 명령어의 실행 순서를 다 기억하고 있어야 한다'.

만약 이런 상황에 놓였을 경우, 자동화는 네트워크 생성부터 전체 시스템에 대한 설정과 동작에 이르는 모든 것들을 위한 코드를 큰 노력을 들이지 않고 작성할 수 있게 해준다.

인프라스트럭처를 생성할 때 여러분의 요구 사항에 따라 자동화할 수 있는 방법이 몇 가지 있다. 자동화는 현재 리전, 인프라스트럭처 등을 고려해야 할 뿐만 아니라 장애가 발생했을 때 다른 리전에 새로운 인프라스트럭처를 바로 세울 수 있는 부분도 고려해야 한다.

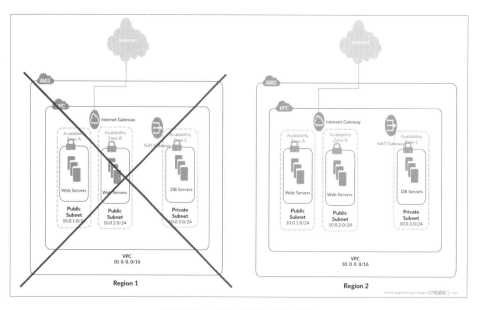

장애 발생 시 다른 리전에서 VPC 세팅

인프라스트럭처 자동화 도구

백지 상태에서 출발하는 형태로 IT 인프라스트럭처를 구축하는 것이 항상 좋다고 느껴지 겠지만, 정기적으로 IT 인프라스트럭처를 구축해야 할 경우 이는 그렇게 좋은 방법은 아니다. 때때로 똑같은 명령어를 계속 입력하고, 똑같은 타입의 서버를 구축해야 할 수도 있다. 이럴 때 자동화를 이용하면 가장 쉽게 처리할 수 있을 것이다.

자동화를 위해 사용할 수 있는 툴은 매우 많은데, 바꿔 말하면 모든 환경에 잘 맞는 가장 좋은 툴은 없다는 뜻으로 생각할 수도 있겠다. 따라서 앤서블^Ansible, 클라우드포메이션^CloudFormation, 셰프^Chef, 퍼펫^Puppet, 솔트스택^SaltStack, 젠킨스^Jenkins 같은 여러 가지 툴 중 여러분의 인프라스트럭처에 적합한 것을 선택해야 한다.

이 책에서는 CloudFormation과 앤서블을 이용해 설명한다.

생성, 저장, 테스팅 템플릿 – CloudFormation

CloudFormation에는 VPC를 생성할 수 있는 기능이 포함돼 있으며, CIDR 블록에 관련된 여러 가지 구성 요소들(예: 서브넷)도 당연히 생성 가능하다. CloudFormation 템플릿에 대해 자세히 알아보고, JSON 기반으로 작성된 예제도 자세히 배워 보자.

준비 사항

스택^Stack을 만들기 전에 우선 템플릿부터 만들어야 한다. CloudFormation 템플릿은 JSON 또는 YAML 포맷으로 작성할 수 있다.

이어서 예제를 통해 다양한 함수에 대한 코드 스니펫을 소개한다.

수행 방법

이 절에서는 템플릿을 생성하고, 저장하고, 테스트하는 작업을 중점적으로 설명한다. 템플릿의 코드 스니펫을 가지고 시작해보자.

템플릿 생성

메모장 같은 텍스트 에디터를 이용해 템플릿을 작성한 다음 .json 확장자 파일로 저장한다.

VPC

VPC 선언을 위한 포맷은 AWS::EC2::VPC이다.

```
{
    "Type" : "AWS::EC2::VPC",
    "Properties" : {
        "CidrBlock" : String,
        "EnableDnsSupport" : Boolean,
        "EnableDnsHostnames" : Boolean,
        "InstanceTenancy" : String,
        "Tags" : [ Resource Tag, ... ]
    }
}
```

Sr. No	속성〈Property〉	필수여부	타입	설정 가능한 값	기본설정값
1	CIDRBlock	Yes	String	Example: 192.168.0.0/16	N/A
2	EnableDnsSupport	No	Boolean	True/False	TRUE
3	EnableDnsHostnames	No	Boolean	True/False	TRUE
4	InstanceTenancy	No	String	"default" / "dedicated"	default
5	Tags	No	String	Key: String Value: String	NA

예:

```
{
    "AWSTemplateFormatVersion" : "2010-09-09",
    "Resources" : {
        "VPCTesting" : {
            "Type" : "AWS::EC2::VPC",
            "Properties" : {
                "CidrBlock" : "10.1.0.0/16",
                "EnableDnsSupport" : "false",
                "EnableDnsHostnames" : "false",
                "InstanceTenancy" : "dedicated",
                "Tags" : [ {"Key" : "Name", "Value" : "VPC-Dev"} ]
            }
        }
```

```
        }
    }
```

서브넷

서브넷 선언을 위한 포맷은 다음과 같다.

```
{
    "Type" : "AWS::EC2::Subnet",
    "Properties" : {
        "AvailabilityZone" : String,
        "CidrBlock" : String,
        "MapPublicIpOnLaunch" : Boolean,
        "Tags" : [ Resource Tag, ... ],
        "VpcId" : String
    }
}
```

Sr. No	속성〈Property〉	필수여부	타입	설정 가능한 값	기본설정값
1	AvailabilityZone	Yes	String	Example: "us-east-1a"	AWS automatically selects a zone
2	CIDRBlock	Yes	String	Example: 10.0.0.0/16	NA
3	MapPublicIpOnLaunch	No	Boolean	True/False	FALSE
4	Tags	No	String	Key: String Value: String	NA
5	VpcId	Yes	Ref ID	Example: "Ref": vpc-12345678	NA

인터넷 게이트웨이

인터넷 게이트웨이를 위한 포맷은 다음과 같다.

```
{
    "Type" : "AWS::EC2::InternetGateway",
    "Properties" : {
        "Tags" : [ Resource Tag, ... ]
```

```
        }
    }
```

예:

```
    "InternetGateway" : {
        "Type" : "AWS::EC2::InternetGateway",
        "Properties" : {
            "Tags" : [ "Key" : "Name", "Value" : { "Ref" : "AWS::StackName"} ]
        }
    },
```

Elastic IP

Elastic IP를 위한 포맷은 다음과 같다.

```
    {
        "Type" : "AWS::EC2::EIP",
        "Properties" : {
            "InstanceId" : String,
            "Domain" : String
        }
    }
```

Sno	속성〈Property〉	필수여부	타입
1	InstanceId	No	String
2	Domain	Conditional	String

예:

```
    "EIP" : {
        "Type" : "AWS::EC2::EIP",
        "Properties" : {
            "Domain" : "vpc"
        }
    }
```

NAT 게이트웨이

NAT 게이트웨이를 위한 포맷은 다음과 같다.

```
{
    "Type" : "AWS::EC2::NatGateway",
    "Properties" : {
        "AllocationId" : String,
        "SubnetId" : String
    }
}
```

Sno	속성〈Property〉	필수여부	타입
1	AllocationId	Yes	String
2	SubnetId	Yes	String

예:

```
"NATGateway" : {
    "Type" : "AWS::EC2::NatGateway",
    "DependsOn" : "VPCGatewayAttach",
    "Properties" : {
        "AllocationId" : {
            "Fn::GetAtt" : [ "NATGatewayEIP", "AllocationId"]},
            "SubnetId" : { "Ref" : "PublicSubnet"}
    }
}
```

템플릿 저장

- 스택을 생성하기 위해 CloudFormation 내에 템플릿을 업로드하면, CloudFormation 은 기본적으로 템플릿을 Amazon S3에 저장한다.
- 소스코드를 Amazon S3로 업로드하고 템플릿의 버전들을 유지한다.
- 템플릿을 소스 컨트롤로 저장하는 것이 좋다.

JSON 템플릿 테스팅

JSON 포맷 테스팅을 할 수 있는 여러 가지 툴이 있다. 예를 들면 https://jsonlint.com/이 있다.

JSON 템플릿 테스팅

추가 정보

템플릿을 생성하고 저장하는 동안 참고할 만한 몇 가지 모범 사례를 다음과 같이 정리했다.

- 템플릿에 권한 승인credential을 절대로 내장시키지 말자. 대신 시스템 환경 관련 민감 정보를 전달하는 입력 파라미터를 사용한다.
- CloudFormation에 대해 사용자 접속이 가능한 시점을 명시한다. 이유는 Cloud Formation 스택을 수정하고 삭제하는 작업으로 인해 예상치 못한 사태가 발생할 수 있기 때문이다.
- 사용자 정책User Policy 대신 서비스 역할Role의 정책Policy을 사용하기 바란다.

196

- GitHub 또는 SVN 같은 소스 저장소 내에 템플릿을 저장해도 된다. 그리고 다른 리전에서 시스템 환경을 복제하기 위해 동일한 템플릿을 사용할 수도 있다.
- 템플릿에 명시한 리소스가 생성 가능한 최대 수량에 도달하지 않았는지 확인한다. 그렇지 않을 경우 스택 생성 작업은 실패하게 될 것이다.
- 템플릿은 사용 전에 항상 점검한다. CloudFormation 또는 기타 외부 툴을 이용해 검증할 수 있다.
- 스택 내의 변경 사항을 수정하기 위해, 직접 업데이트를 하는 대신 항상 변경 세트Change Set를 사용한다. 변경 세트를 사용하면 변경 사항을 검토하는 데 많은 도움이 된다. 스택 업데이트의 2가지 타입 모두 레시피recipe에 반영돼 있다.

CloudFormation상에서 신규 스택 생성

CloudFormation 스택은 여러분의 스택을 프로비저닝하고 관리하기 위한 일종의 '트랜잭션'처럼 동작한다. 스택 내에 있는 모든 리소스는 템플릿Template에 정의돼 있다. 스택에는 여러분이 멀티-티어multi-tier 아키텍처 또는 단일 서버를 생성하기 위한 모든 리소스가 담겨 있을 수 있다. 그리고 여러분이 서버나 인프라스트럭처가 더 이상 필요 없다면 언제라도 스택을 바로 삭제할 수 있다. 스택 삭제는 관련된 모든 리소스를 종료하고 연동 상태도 해제할 것이다.

준비 사항

VPC와 CloudFormation을 위해 필요한 권한을 확보해야 한다. 아울러, VPC와 서브넷을 위한 CIDR 대역을 확보해야 한다. CIDR 대역은 한 번 지정하면 나중에 업데이트할 수 없으니 신중하게 정하기 바란다.

다음 가이드 순서에 따라 CloudFormation상에서 새로운 스택을 생성해보자.

1. AWS 콘솔로 로그인한다.

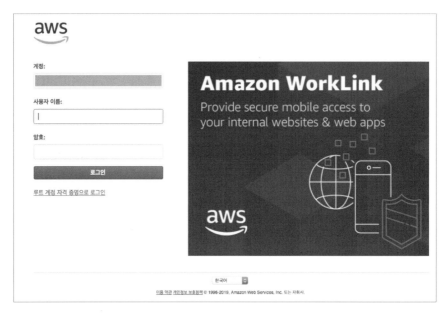

AWS 콘솔로 로그인

2. 다음 스크린샷처럼 CloudFormation 서비스로 이동한다.

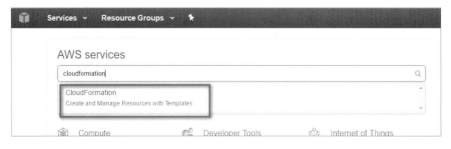

CloudFormation 검색

3. 다음 스크린샷과 같이 Create New Stack을 클릭한다.

CloudFormation 콘솔

4. Upload a template to Amazon S3를 위한 코드는 다음 URL을 참고한다.

https://github.com/PacktPublishing/AWS-Networking-Cookbook

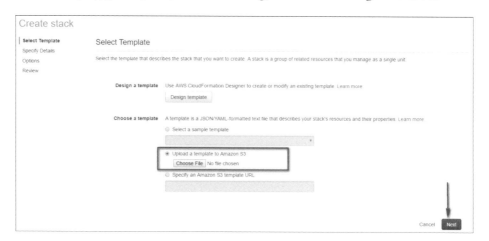

S3로 템플릿 업로드

5. 다음 그림과 같이 VPC, 프라이빗 서브넷, 퍼블릭 서브넷을 위한 CIDR 대역을 정의한다. 그리고 **Next** 버튼을 클릭한다.

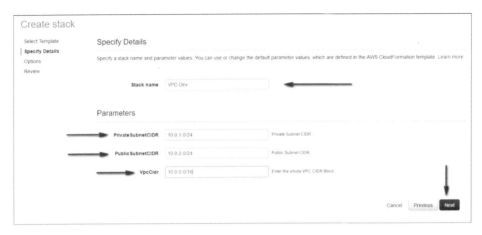

서브넷 상세 정보 입력

6. 필요할 경우 태그를 추가로 입력한 다음, **Next** 버튼을 클릭한다.

추가 태그 정보 입력

7. 다음 그림과 같이 스택 생성 정보를 검토한 다음 Create 버튼을 클릭한다.

스택 생성 정보 검토

8. 다음 스크린샷과 같은 결과를 얻게 될 것이다.

스택 생성

9. 모든 리소스가 생성되고 나면, 다음 스크린샷처럼 Status가 CREATE_COMPLETE 로 바뀔 것이다.

스택 요약 정보

10. Outputs 섹션에서는 생성된 리소스에 대한 상세 정보를 모두 확인할 수 있다.

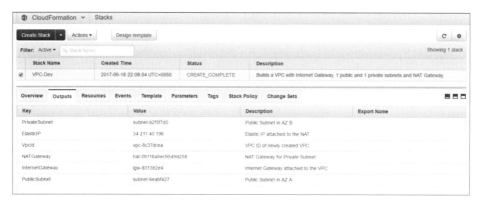

스택 결과

11. 이제 VPC를 확인해보자(AWS Dashboard > VPC > Select Your VPC 메뉴를 순서대로 찾아서 클릭한다).

스택: AWS VPC

12. 서브넷도 확인한다(AWS Dashboard > VPC > Subnets 만약 VPC가 여러 개이면 VPC 필터 정보를 입력한다).

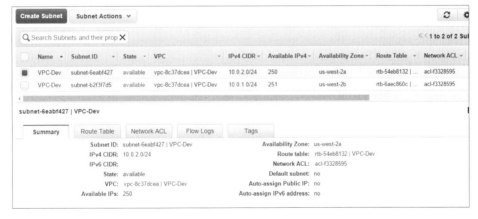

스택: AWS VPC 서브넷

13. 다음 스크린샷과 같이 태그 정보도 확인할 수 있다.

스택: AWS VPC 서브넷 태크

14. NAT 게이트웨이도 확인한다(AWS Dashboard > VPC > NAT Gateway 메뉴를 순서대로 클릭해도 되고, 상세 정보를 얻기 위해 VPC 필터를 이용해도 된다).

스택: AWS VPC NAT 게이트웨이

15. 인터넷 게이트웨이도 확인해보자(AWS Dashboard > VPC > Internet Gateway 메뉴를 순서대로 클릭한다).

스택: AWS VPC 인터넷 게이트웨이

16. 라우팅 테이블도 확인해보자(AWS Dashboard > VPC > Route Table 메뉴를 순서대로 클릭한다).

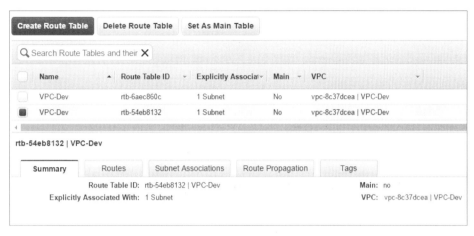

스택: AWS VPC 라우팅 테이블

17. Elastic IP도 확인해보자(AWS Dashboard > VPC > Elastic IP 메뉴를 순서대로 클릭한다).

스택: AWS VPC Elastic IP

18. 이상으로 VPC와 모든 관련 구성 요소가 성공적으로 생성됐다.

동작 원리

템플릿은 스택 생성 시 필요한 모든 리소스를 정의하고 있다. 따라서 여러분이 스택을 생성할 때 CloudFormation은 AWS가 리소스를 프로비저닝하고 환경 설정 작업을 하도록 내부적으로 서비스 호출을 한다. 특정 리소스들을 생성할 때 먼저 생성해야 할 리소스들이 있을 경우 이를 지정해놓지 않으면 CloudFormation 리소스 생성 작업에서는 (소위 '의존 관계dependency'라고 부르는) 이 리소스들 간의 설치 순서를 따로 고려하지 않는다. 참고로 이 경우 DependsOn이라는 속성을 사용할 수 있다.

CloudFormation상에서 스택 수정

이제, 스택을 수정하고 업데이트하는 방법을 알아보자. 스택의 수정을 위해, 동일한 템플릿을 사용하고 VPC에 서브넷 하나를 더 추가한다. CloudFormation에서는 스택을 수정할 때 두 가지 방법을 제공하고 있다.

1. 직접 업데이트

   - 변경 사항을 입력하면, CloudFormation이 이것들을 바로 배포한다.
   - 스택상에서 빠른 업데이트를 할 때 유용하다.
   - 변경 사항이 명확할 때 적합하다.

2. 변경 세트

   - 변경 사항에 대해 사전 검토를 할 수 있다.
   - 변경 세트Change sets를 실행시키기 전까지는 변경되지 않는다.
   - 변경 사항을 요약한 JSON 포맷의 문서를 받을 수 있다.
   - 변경된 템플릿을 제공해 또 다른 변경 사항에 대해 여러 개의 변경 세트를 생성할 수 있다.

실행 방법을 알아보기 전에, 변경 사항을 어떻게 업데이트할지 확정해 둬야 한다. 변경 사항을 진짜로 반영하기로 했다면 직접 업데이트 방법을 선택하고, 그렇지 않을 경우는 항상 변경 세트를 사용하는 것이 좋다(이렇게 해야 변경 사항을 검토할 시간을 확보할 수 있다).

다음 순서에 맞춰 하나씩 따라 해보자.

변경 세트 기반 스택 수정

1. CloudFormation 콘솔로 가서 앞에서 생성한 스택을 선택한다.

CloudFormation 스택

2. Actions > Create Change Set For Current Stack 메뉴를 차례대로 선택한다.

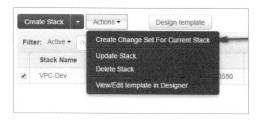

스택 수정

3. 다음 주소에 있는 템플릿을 다운로드한다. Upload a template to Amazon S3를 선택해 방금 다운로드받은 템플릿을 업로드한다. 업로드가 완료되면 Next 버튼을 클릭한다.

https://github.com/PacktPublishing/AWS-Networking-Cookbook

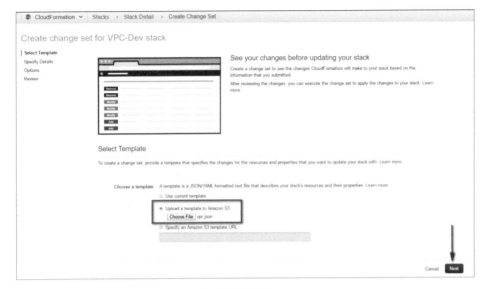

수정된 템플릿 업로드

4. 다음 스크린샷처럼 Specify Details 페이지에서, 현재 스택값들은 사용 가능한 상태로 나타날 것이다.

현재 VPC 상세 정보

5. Change Set name, Description 그리고 PublicSubnetCIDR2 항목들에 대해 적절한 값을 입력한다. 그런 다음 Next 버튼을 클릭한다.

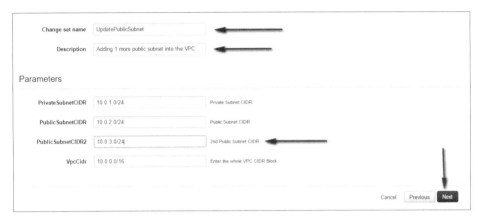

수정할 VPC 상세 정보 입력

6. Options 페이지에서, 추가 변경 사항을 입력할 수 있다(스택의 서비스 역할Role, 스택 태그 정보, Amazon SNS 알림 주제 등). 그런 다음 Next 버튼을 클릭한다.

추가 정보 입력

7. Change Set에 대한 변경 사항을 검토한 다음, Create Change Sets 버튼을 클릭한다.

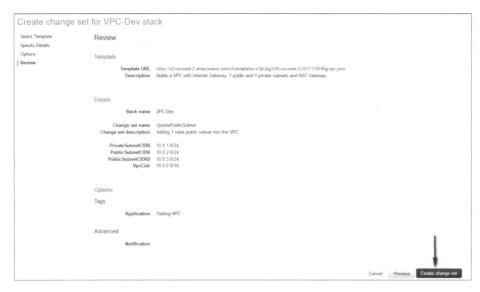

Change Set 검토 및 생성

8. 변경 세트 검토가 끝난 후, Status가 **CREATE_COMPLETE**로 바뀌어 있을 것이다.

변경 세트의 상태

9. 변경 세트가 CloudFormation 콘솔에서 사용 가능한 상태가 됐다. 스택을 선택하고 **Change Sets**를 클릭한다.

변경 세트 상세 정보

10. 이제 변경 세트의 각 섹션별로 자세한 내용을 알아보자.

- Changes:

변경 세트: Changes

- Change Set input:

변경 세트: Change Set input

- Details：

▼ Details

Detailed information about each change. For descriptions of each field, see the Change data type.

```
[
  {
    "resourceChange": {
      "logicalResourceId": "PublicSubnet2",
      "action": "Add",
      "physicalResourceId": null,
      "resourceType": "AWS::EC2::Subnet",
      "replacement": null,
      "details": [],
      "scope": []
    },
    "type": "Resource"
  },
  {
    "resourceChange": {
      "logicalResourceId": "PublicSubnetRouteTableAssociation2",
      "action": "Add",
      "physicalResourceId": null,
      "resourceType": "AWS::EC2::SubnetRouteTableAssociation",
      "replacement": null,
      "details": [],
      "scope": []
    },
    "type": "Resource"
  }
]
```

변경 세트: Details

- Template：전체적으로 업데이트된 템플릿을 결과로 보여준다.

212

11. 모든 사항에 문제가 없다면, 변경 세트를 실행시켜서 변경 사항이 반영되도록 한
다(Change Set > Execute 메뉴를 순서대로 클릭한다).

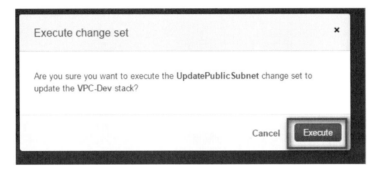

스택 업데이트

12. 모든 변경 사항이 삭제되고, 스택의 Status가 UPDATE_IN_PROGRESS로 바뀌어 있
을 것이다.

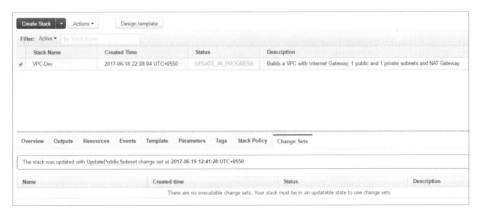

CloudFormation 스택의 Status

13. 스택의 Status가 **UPDATE_COMPLETE**로 바뀌었다면, Output 섹션에선 새로운 서브넷 정보를 확인할 수 있을 것이다.

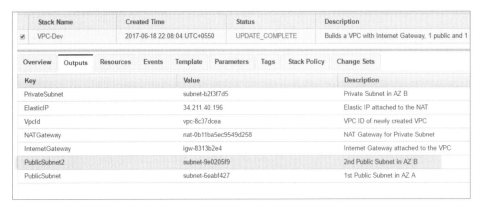

CloudFormation 업데이트 결과

직접 업데이트를 이용하는 방법

이번에는 VPC 내에 프라이빗 서브넷을 추가해보기로 한다.

1. AWS 콘솔 로그인 후, CloudFormation 콘솔로 간다. 그리고 업데이트하려는 스택을 선택한다.

2. Actions › Update stack 메뉴를 차례대로 선택한다.

CloudFormation 스택의 직접 업데이트

3. 다음 URL을 통해 업데이트용 파일을 다운로드한 후, 스크린샷에 나와 있는 것처럼 해당 파일을 업로드한다. 그런 다음 Next 버튼을 클릭한다.

업데이트 스택을 위한 템플릿 업로드

4. Private SubnetCIDR 항목에 10.0.4.0/24를 입력한다.

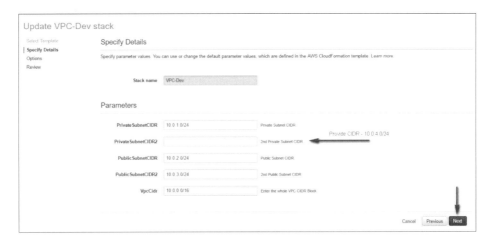

업데이트할 서브넷 상세 정보 입력

5. Options 탭에서, 필요하면 태그를 추가하거나 업데이트하기 바란다. 필요 없으면 Next 버튼을 클릭한다.

6. 변경 사항을 검토한다. 그리고 **Update** 버튼을 클릭해 업데이트를 실행한다.

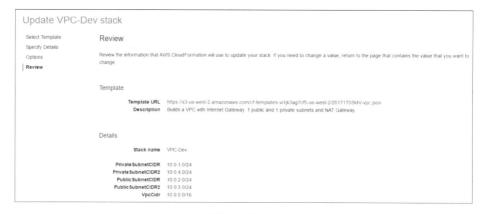

Update VPC-Dev stack

Select Template
Specify Details
Options
| **Review**

Review

Review the information that AWS CloudFormation will use to update your stack. If you need to change a value, return to the page that contains the value that you want to change.

Template

Template URL https://s3-us-west-2.amazonaws.com/cf-templates-vi1jk3ag7cf5-us-west-2/2017170SMV-vpc.json
Description   Builds a VPC with Internet Gateway, 1 public and 1 private subnets and NAT Gateway.

Details

Stack name VPC-Dev

Private SubnetCIDR   10.0.1.0/24
Private SubnetCIDR2 10.0.4.0/24
Public SubnetCIDR   10.0.2.0/24
Public SubnetCIDR2   10.0.3.0/24
VpcCidr   10.0.0.0/16

업데이트 사항 검토

Options

Tags

Application Testing-VPC

Advanced

Notification

Preview your changes

Based on your input, CloudFormation will change the following resources. For more information, choose View change set details

Action	Logical ID	Physical ID	Resource type	Replacement
Add	PrivateSubnet2		AWS::EC2::Subnet	
Add	PrivateSubnetRouteTableAssociation2		AWS::EC2::SubnetRouteTableAssociation	

Cancel   Previous   **Update**

CloudFormation 업데이트 스택

216

7. 업데이트 과정은 Event 섹션을 통해 확인할 수 있다.

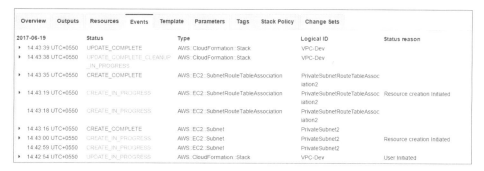

CloudFormation 스택 업데이트 진행 상태

8. Outputs 섹션에서는 Subnet ID 같은 생성된 리소스의 상세 정보를 확인할 수 있다.

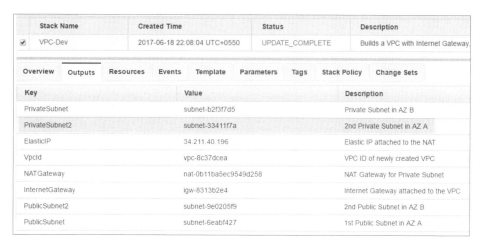

CloudFormation 업데이트 결과

CloudFormation상에서 스택 삭제

이 작업은 최소 두 번 이상 생각해보고 결정해도 지나치지 않을 만큼 매우 신중하게 진행해야 한다. 스택이 삭제되면 관련된 모든 리소스들도 같이 삭제되기 때문이다. 스택 삭제작업은 AWS 콘솔 또는 CLI를 이용해 할 수 있다.

스택 삭제는 다음 절에 나와 있는 순서대로 하면 된다. 몇 가지 기억해 둘 점을 알아보자.

1. 일단 스택 삭제가 시작되면, 중간에 멈출 수 없다(실행 전 상태로 되돌릴 수도 없다). 스택의 상태Status가 **DELETE_IN_PROGRESS**로 나타날 것이다.

2. 스택 삭제는 스택에 관련된 모든 리소스를 삭제한다.

3. 기본적으로 삭제된 스택은 CloudFormation상에 나타나지 않는다. 삭제된 스택 을 보고 싶으면, 필터 조건을 Deleted로 바꿔주면 된다.

4. 삭제된 스택의 템플릿은 S3에 그대로 남아 있으며 계속 사용 가능하다.

수행 방법

다음 순서에 맞춰 하나씩 따라 해보자.

1. CloudFormation 콘솔로 가서 삭제할 스택을 선택한다.

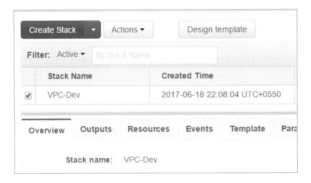

CloudFormation 스택

2. Actions > Delete Stack 메뉴를 차례대로 선택한다.

3. 화면에 나타나는 창에서 Yes, Delete 버튼을 클릭한다.

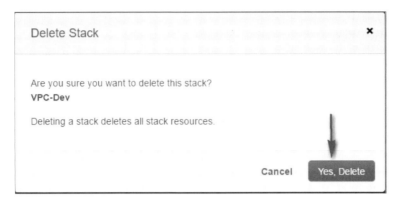

CloudFormation 스택 삭제

4. 스택의 Status가 **DELETE_IN_PROGRESS**로 바뀔 것이다.

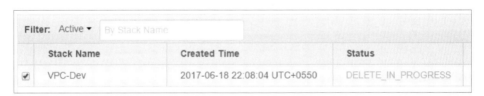

CloudFormation 스택 삭제 Status

5. 스택 삭제 후에는 필터를 Deleted로 변경해 해당 목록을 볼 수 있다.

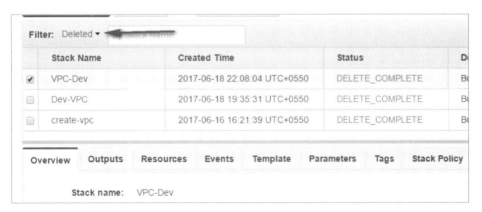

삭제된 CloudFormation 스택 확인

AWS CLI를 이용해 스택을 삭제하고 싶으면 다음 명령어를 실행하면 된다.

```
# aws cloudformation delete-stack --stack-name VPC-Dev
```

앤서블 세팅

앤서블^{Ansible}은 클라우드와 온-프레미스 리소스에 대한 환경 설정, 프로비저닝, 관리를 자동화할 수 있도록 해주는 툴이다. SSH 기반의 툴과는 배포 방식이 약간 다르고, 사용하기 쉬우며, 안전한 통신 연결을 제공한다. 주 업무 환경이 리눅스인 사람들의 경우 앤서블을 매우 쉽게 익힐 수 있다.

앤서블은 에이전트를 사용하지 않는 툴이다. 따라서 해당 제어용 머신에 앤서블을 설치해야 한다. 또 배포를 할 때마다 제어용 머신을 실행시켜야 하고, 호스트 목록을 입력해야 하며, 모든 노드에 배포 작업을 수행해야 한다. 모든 명령어는 SSH를 거쳐 앤서블에서 실행된다. 만약 앤서블의 업데이트가 필요하면 제어용 머신을 업데이트해주기만 하면 된다.

소프트웨어의 버전과 상태도 확인할 수 있다. 예를 들어, 만약 아파치 서버가 모든 머신에 설치됐는지 확인하고 싶을 경우 앤서블은 아파치가 설치돼 있지 않은 머신의 목록을 결과로 내준다. 뿐만 아니라 다른 머신을 건드리지 않는 상태에서 해당 머신에 설치 작업을 할 수 있게 해준다.

준비 사항

플레이북은 .yaml로 작성됐으며, 최소한의 문법만 맞췄다. 플레이북 각각은 목록에서 하나 이상의 역할을 담당하고 있다. 앤서블 플레이북은 환경 설정 관리, 통합 조율 관리, 여러 대의 머신을 배포하는 데 있어 가장 간단한 방법이다.

VPC와 기타 리소스 생성 코드 스니펫을 살펴보자.

1. VPC 생성 예제

```
- ec2_vpc:
    state: present
    cidr_block: 10.0.0.0/16
    resource_tags: { "Environment":"Development" }
    region: us-west-2
```

2. 서브넷 생성 예제

```
subnets:
- cidr: 172.22.1.0/24
  az: us-west-2c
  resource_tags: { "Environment":"Dev", "Tier":"Web" }
region: us-west-2
```

3. 인터넷 게이트웨이

```
internet_gateway: True
route_tables:
- subnets:
      - 172.22.2.0/24
      - 172.22.3.0/24
    routes:
      - dest: 0.0.0.0/0
        gw: igw
```

4. NAT 게이트웨이 생성

```
- name: Create new nat gateway and allocate new EIP.
  ec2_vpc_nat_gateway:
    state: present
    subnet_id: subnet-12345678
    wait: yes
    region: ap-southeast-2
  register: new_nat_gateway
```

5. VPC 삭제

```
- ec2_vpc:
    state: absent
    vpc_id: vpc-aaaaaaa
    region: us-west-2
```

앤서블 설치

앤서블 설치 방법은 여러 가지가 있다. 여기서는 깃^{Git} 저장소를 클론^{clone}한 다음 설치하는 방법을 사용한다. 다음 순서를 하나씩 따라 해보자.

1. EC2 콘솔로 로그인한다(자세한 내용은 2장 참조).
2. EC2 서버를 1대 띄운다(역시 자세한 사항은 2장 참조)

EC2 서버

3. 서버에 로그인한다.

EC2 리눅스 서버 로그인

4. 앤서블을 설치한다(RHEL^{Red Hat Enterprise Linux}/Ubuntu).

5. 호스트 이름을 변경한다.

   ```
   [root@ip-172-31-18-87 ~] # hostname ansible
   ```

6. 파이썬 2.x가 설치돼 있는지 확인한다(파이썬 버전이 2.x보다 낮을 경우 앤서블 호환
   이 안 되기 때문이다). 만약 파이썬 3을 사용해야 한다면 앤서블 홈페이지를 참고하
   기 바란다. 참고로 앤서블 홈페이지에 의하면 앤서블 2.5부터는 파이썬 3을 지
   원한다고 한다.

   ```
   [root@ansible ~] # python -V
   Python 2.7.12
   ```

7. Amazon Linux에서 EPEL 저장소를 활성화한다. yum.repos.d 폴더로 이동해
   epel.repo를 활성화한다(enabled=0을 enabled=1로 바꾼다).

   ```
   [root@ansible ansible] # vim /etc/yum.repos.d/epel.repo
   ```

EPEL 저장소 활성화

8. 앞의 에디터 화면에서 esc 키를 누른 다음, :wq를 순서대로 타이핑하고 엔터 키를 친다(화면 아래쪽에서 키 입력 상태를 확인할 수 있다).

9. 다음 과정에 따라 앤서블이 설치된다. 맨 위에 있는 명령어를 입력하고 실행한다.

```
[root@ansible ~ ]# yum install ansible
Loaded plugins: priorities, update-motd, upgrade-helper
...
Installed:  ansible.noarch 0:2.3.1.0-1.el6
Dependency Installed:
python-crypto2.6.x86_64 0:2.6.1-2.el6
python-jinja2-26.noarch 0:2.6-3.el6
python-keyczar.noarch 0:0.71c-1.el6
python26.x86_64 0:2.6.9-2.88.amzn1
python26-PyYAML.x86_64 0:3.10-3.10.amzn1
python26-babel.noarch 0:0.9.4-5.1.8.amzn1
python26-backports.x86_64 0:1.0-3.14.amzn1
python26-backports-ssl_match_hostname.noarch 0:3.4.0.2-1.12.amzn1
python26-crypto.x86_64 0:2.6.1-1.14.amzn1
python26-ecdsa.noarch 0:0.11-3.3.amzn1
python26-httplib2.noarch 0:0.7.7-1.5.amzn1
python26-libs.x86_64 0:2.6.9-2.88.amzn1
python26-markupsafe.x86_64 0:0.11-4.6.amzn1
python26-paramiko.noarch 0:1.15.1-1.5.amzn1
python26-pyasn1.noarch 0:0.1.7-2.9.amzn1
python26-setuptools.noarch 0:12.2-1.32.amzn1
python26-simplejson.x86_64 0:3.6.5-1.12.amzn1
python26-six.noarch 0:1.8.0-1.23.amzn1
sshpass.x86_64 0:1.06-1.el6
Complete!
```

10. 앤서블의 최신 버전(2017년 기준으로 2.4.1.0 버전이었다)을 설치하고 싶으면 다음 순서에 따라 진행하면 된다(명령어를 순차적으로 실행한다).

```
[root@ansible ~ ]# yum install git -y
[root@ansible ~ ]# mkdir ansibletmp
[root@ansible ~ ]# cd ./ansibletmp
[root@ansible ansibletmp ]# git clone
git://github.com/ansible/ansible.git —recursive
```

```
Cloning into '—recursive'...
remote: Counting objects: 267737, done.
remote: Compressing objects: 100% (28/28), done.
remote: Total 267737 (delta 11), reused 1 (delta 0), pack-reused
267709
Receiving objects: 100% (267737/267737), 76.53 MiB > 13.51 MiB/s,
done.
Resolving deltas: 100% (170624/170624), done.
Checking connectivity... done.
[root@ansible ansibletmp ]# cd ./ansible
[root@ansible ansible]# source ./hacking/env-setup
[root@ansible ansible]# ansible --version
ansible 2.4.0
config file = None
configured module search path =
[u'/root/.ansible/plugins/modules',
 u'/usr/share/ansible/plugins/modules']
ansible python module location = /usr/local/lib/python2.7/site-
packages/ansible-2.4.0-py2.7.egg/ansible
executable location = /root/ansible/bin/ansible
python version = 2.7.12 (default, Sep 1 2016, 22:14:00) [GCC 4.8.3
20140911 (Red Hat 4.8.3-9)]
```

11. 다른 호스트를 추가하기 위해 호스트 파일을 세팅할 수 있다. 하지만 여기서는
VPC 생성이 목적이므로 호스트 목록은 건너뛰기로 한다.

12. Amazon AMI를 사용하고 있기 때문에, AWS CLI가 이미 설치돼 있다. 만약 설
치가 돼 있지 않으면 다음 명령어를 이용해 설치할 수도 있다.

```
[root@ansible ansible]# yum install python-pipOr
[root@ansible ansible]# curl -O
https://bootstrap.pypa.io/get-pip.py
[root@ansible ansible]# python get-pip.py
[root@ansible ansible]# pip install awscli
[root@ansible ansible]# aws --version
[root@ansible ansible]# aws configure
```

13. 앤서블이 성공적으로 설치됐다.

VPC 생성을 위한 앤서블 플레이북 생성

이제 VPC 관리를 위한 앤서블 플레이북을 만들어보자.

수행 방법

다음 순서에 차근차근 따라 하면 앤서블 플레이북을 만들 수 있을 것이다.

1. 플레이북을 생성한다. 폴더 구조는 다음과 같다.

```
[root@ansible ~ ]# cd /etc/ansible/
[root@ansible ansible]# mkdir playbook
[root@ansible ansible]# mkdir playbook/roles
[root@ansible ansible]# mkdir playbook/roles/vpc
[root@ansible ansible]# mkdir playbook/roles/vpc/{defaults,tasks}
[root@ansible ansible]# cd playbook
```

2. playbook 폴더의 awsvpc.yml라는 이름으로 환경 설정 파일을 만든다.

```
[root@ansible playbook]# vim awsvpc.yml
---
- name: Create VPC
  hosts: localhost
  gather_facts: no
  roles:
  - vpc
```

1) playbook 폴더에 inventory 파일을 하나 만든다. 파일 내용은 다음 URL 을 참고하기 바란다.

https://github.com/PacktPublishing/AWS-Networking-Cookbook.

```
[root@ansible playbook]# vim inventory
[local]
localhost ansible_connection=local
```

2) playbook/roles/vpc/tasks/ 폴더에 main.yml 파일을 하나 만든다. 이 파일에는 VPC에서 필요한 환경 설정 정보가 담겨 있다. 파일 내용은 다음 URL을 참고하기 바란다.

https://github.com/PacktPublishing/AWS-Networking-Cookbook.

```
[root@ansible playbook]# vim roles/vpc/tasks/main.yml
---
- name: Create VPC inside mention region
  ec2_vpc:
      state: present
      cidr_block: "{{ vpc_cidr_block }}"
      region: "{{ vpc_region }}"
      resource_tags:     { "Name":"{{ vpc_name }}-vpc" }
      subnets:
        - cidr: "{{ public_cidr_1 }}" # Private Subnet 1
          az: "{{ vpc_region }}a"
          resource_tags: { "Name":"{{ vpc_name }}-private-
subnet" }
        - cidr: "{{ public_cidr_2 }}" # Public Subnet 2
          az: "{{ public_az_2 }}"
          resource_tags: { "Name":"{{ vpc_name }}-{{
public_az_2 }}- public-subnet" }
      internet_gateway: yes
      route_tables:
        - subnets:
            - "{{ public_cidr_2 }}"
          routes:
            - dest: 0.0.0.0/0
              gw: igw
      register: vpc
```

3) playbook/roles/vpc/defaults/ 폴더에 main.yml 파일을 하나 만든다. 파일 내용은 다음 URL을 참고하기 바란다. 이 파일에는 VPC 이름, 리전 정보 같은 VPC에서 필요한 상세 정보가 담겨 있다.

https://github.com/PacktPublishing/AWS-Networking-Cookbook

```
[root@ansible playbook]# vim roles/vpc/defaults/main.yml
---
vpc_name: dev-vpc
vpc_region: us-west-2 # Oregon
vpc_cidr_block: 10.0.0.0/16
public_cidr_1: 10.0.10.0/24
public_az_1: "{{ vpc_region }}a"
public_cidr_2: 10.0.20.0/24
public_az_2: "{{ vpc_region }}b"
```

4) 다음 명령어를 이용해 playbook을 실행한다.

```
[root@ansible playbook]# ansible-playbook -i inventory
awsvpc.yml
 PLAY [Create VPC]
 ***************************************************************
 ***************************************************************
 ******************************
 TASK [vpc : Create VPC inside mention region]
 ***************************************************************
 ***************************************************************
 ****
 changed: [localhost]
 PLAY RECAP
 ***************************************************************
 ***************************************************************
 ****************************************
 localhost : ok=1 changed=1 unreachable=0 failed=0
 # If you get any error try checking in verbose by adding -vvv
 in the end
 [root@ip-172-31-12-123 playbook]# ansible-playbook -i inventory
awsvpc.yml -vvv
 Using /etc/ansible/ansible.cfg as config file
 PLAYBOOK: awsvpc.yml
 ***************************************************************
 ***************************************************************
 ***************************
 1 plays in awsvpc.yml
 PLAY [Create VPC]
 ***************************************************************
```

```
***********************************************************
*******************************
META: ran handlers
TASK [vpc : Create VPC inside mention region]
***********************************************************
***********************************************************
****
task path:
/etc/ansible/playbook/roles/vpc/tasks/main.yml:3
Using module file /usr/lib/python2.6/site-
packages/ansible/modules/cloud/amazon/_ec2_vpc.py
<localhost> ESTABLISH LOCAL CONNECTION FOR USER: root
<localhost> EXEC /bin/sh -c 'echo ~ && sleep 0'
<localhost> EXEC /bin/sh -c '( umask 77 && mkdir -p "`
echo /root/.ansible/tmp/ansible-
tmp-1498048548.85-61490596099452 `" && echo ansible-
tmp-1498048548.85-61490596099452="`  echo
/root/.ansible/tmp/ansible-tmp-1498048548.85-61490596099452
`" ) && sleep 0'
<localhost> PUT /tmp/tmpeDeue0 TO
/root/.ansible/tmp/ansible-
tmp-1498048548.85-61490596099452/_ec2_vpc.py
<localhost> EXEC /bin/sh -c 'chmod u+x
/root/.ansible/tmp/ansible-
tmp-1498048548.85-61490596099452/
/root/.ansible/tmp/ansible-
tmp-1498048548.85-61490596099452/_ec2_vpc.py && sleep 0'
<localhost> EXEC /bin/sh -c '/usr/bin/python
/root/.ansible/tmp/ansible-
tmp-1498048548.85-61490596099452/_ec2_vpc.py; rm -rf
"/root/.ansible/tmp/ansible-
tmp-1498048548.85-61490596099452/" > /dev/null 2>&1 &&
sleep 0'
ok: [localhost] => {
"changed": false,
"igw_id": "igw-993d9ffe",
"invocation": {
"module_args": {
"aws_access_key": null,
```

```
"aws_secret_key": null,
"cidr_block": "10.0.0.0/16",
"dns_hostnames": true,
"dns_support": true,
"ec2_url": null,
"instance_tenancy": "default",
"internet_gateway": true,
"profile": null,
"region": "us-west-2",
"resource_tags": {
"Name": "dev-vpc-vpc"
},
"route_tables": [
{
"routes": [
{
"dest": "0.0.0.0/0",
"gw": "igw"
}
],
"subnets": [
"10.0.20.0/24"
]
}
],
"security_token": null,
"state": "present",
"subnets": [
{
"az": "us-west-2a",
"cidr": "10.0.10.0/24",
"resource_tags": {
"Name": "dev-vpc-private-subnet"
}
},
{
"az": "us-west-2b",
"cidr": "10.0.20.0/24",
"resource_tags": {
```

```
"Name": "dev-vpc-us-west-2b-public-subnet"
}
}
],
"validate_certs": true,
"vpc_id": null,
"wait": false,
"wait_timeout": "300"
}
},
"subnets": [
{
"az": "us-west-2a",
"cidr": "10.0.10.0/24",
"id": "subnet-11edb558",
"resource_tags": {
"Name": "dev-vpc-private-subnet"
}
},
{
"az": "us-west-2b",
"cidr": "10.0.20.0/24",
"id": "subnet-efb2b388",
"resource_tags": {
"Name": "dev-vpc-us-west-2b-public-subnet"
}
}
],
"vpc": {
"cidr_block": "10.0.0.0/16",
"dhcp_options_id": "dopt-0d8ab268",
"id": "vpc-b647b3d0",
"region": "us-west-2",
"state": "available"
},
"vpc_id": "vpc-b647b3d0"
}
META: ran handlers
META: ran handlers
```

```
PLAY RECAP
*************************************************************
*************************************************************
*************************************
 localhost : ok=1 changed=0 unreachable=0 failed=0
[root@ip-172-31-12-123 playbook]#
```

3. AWS 콘솔에서 VPC와 서브넷을 사용할 수 있게 됐다.

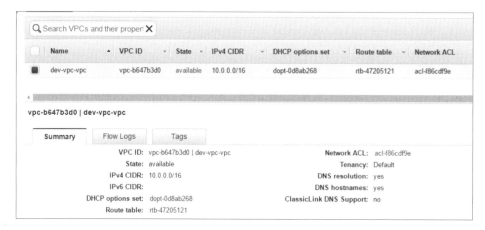

앤서블: VPC

4. 인터넷 게이트웨이가 없는 프라이빗 서브넷은 다음과 같다.

앤서블: VPC 서브넷

5. 인터넷 게이트웨이가 있는 퍼블릭 서브넷은 다음과 같다.

앤서블: 퍼블릭 서브넷의 라우팅 테이블 모습

추가 정보

다양한 VPC 환경 설정을 할 수 있도록 몇 가지 샘플 플레이북을 다음과 같이 정리했다. 다음 디렉터리에 있는 main.yml 파일을 용도에 따라 이 플레이북으로 대체해 사용하면 된다 (/etc/ansible/playbook/roles/tasks/main.yml).

단일 퍼블릭 서브넷을 지닌 VPC를 생성하려면 다음 코드를 사용한다(https://github.com/PacktPublishing/AWS-Networking-Cookbook).

```
---
- name: Create VPC inside mention region
  ec2_vpc:
    state: present
    cidr_block: "{{ vpc_cidr_block }}"
    region: "{{ vpc_region }}"
    resource_tags: { "Name":"{{ vpc_name }}-vpc" }
    subnets:
```

```
      - cidr: "{{ public_cidr_1 }}" # Public Subnet-1
        az: "{{ public_az_1 }}"
        resource_tags: { "Name":"{{ vpc_name }}-{{ public_az_1 }}-public-
    subnet" }
        internet_gateway: yes
        route_tables: "{{ public_subnet_rt }}"
      - subnets:
        - "{{ public_cidr_1 }}"
          routes:
        - dest: 0.0.0.0/0
          gw: igw
          register: vpc
```

프라이빗 서브넷과 NAT 게이트웨이를 지닌 VPC를 생성하려면 다음 코드를 사용한다
(https://github.com/PacktPublishing/AWS-Networking-Cookbook).

```
---
- name: Create VPC inside mention region
  ec2_vpc:
    state: present
    cidr_block: "{{ vpc_cidr_block }}"
    region: "{{ vpc_region }}"
    resource_tags: { "Name":"{{ vpc_name }}-vpc" }
    internet_gateway: yes
  register: new_vpc
- name: Create private subnet
  ec2_vpc_subnet:    state: present
    vpc_id: "{{ new_vpc.vpc_id }}"
    az: "{{ public_az_1 }}"
    cidr: "{{ public_cidr_1 }}" # Private Subnet-1
  region: "{{ vpc_region }}"
  resource_tags: { "Name":"{{ vpc_name }}-{{ public_az_1 }}-private-
subnet" }
    vpc_id: "{{ new_vpc.vpc_id }}"
    register: private_subnet
- name: Create new nat gateway using an EIP address
  ec2_vpc_nat_gateway:
    state: present
```

```
      subnet_id: "{{ private_subnet.subnet.id }}"
      wait: yes
      region: "{{ vpc_region }}"
      if_exist_do_not_create: true
    register: vpc_nat_gateway
- name: Modify private subnet
  ec2_vpc_route_table:
    vpc_id: '{{ new_vpc.vpc_id }}'
    region: '{{ vpc_region }}'
    subnets: "{{ private_subnet.subnet.id }}"
    routes:
      - dest: 0.0.0.0/0
        gateway_id: "{{ vpc_nat_gateway.nat_gateway_id }}"
```

06

Route 53의 활용

6장에서는 다음 주제들을 다룬다.

- 새로운 도메인 등록 방법
- 도메인을 Amazon Route 53으로 전송하는 방법
- 호스팅 영역과 레코드 세트 생성
- 퍼블릭 호스팅 영역 삭제
- Alias 레코드 세트 생성
- 프라비잇 호스팅 영역 생성
- 가중치 기반 라우팅 정책 활용 방법
- 장애 조치 라우팅 정책과 Health Checks 활용 방법

Route 53은 고가용성과 확장성을 지닌 도메인 네임 서비스^{DNS}로, 다음과 같은 4가지 주요 기능을 제공한다.

- 도메인 관리: 새로운 도메인을 등록할 수 있게 하고, 기존 도메인을 전달하는 역할도 한다.
- DNS 관리
  - Route 53은 abc.com처럼 가독성이 높은 도메인 네임을 1.2.3.4 같은 IP 주소로 변환한다.
  - Route 53은 DNS 쿼리에 대한 응답으로 글로벌 네트워크상에서 공신력 있는 DNS 서버를 사용한다.
  - Route 53은 CloudFront 배포, Elastic Beanstalk 엔드포인트, ELB 레코드, S3 버킷에 대한 인터넷 트래픽 라우팅을 할 수 있다. 아울러 이러한 리소스들을 대상으로 한 DNS 쿼리에 대해 추가 과금도 없다.
- 트래픽 관리
- 도메인의 Health Check
  - Route 53은 웹 서버, 이메일 서버 같은 리소스에 대한 정상 동작 여부를 모니터링한다.
  - Route 53의 상태 확인 모듈은 글로벌하게 분포돼 있다.
  - Route 53은 애플리케이션에 대해 접근 가능한지, 정상적으로 동작 중인지 등을 확인하기 위해 인터넷상에 요청 신호를 자동으로 보낸다.
  - CloudWatch 알람의 환경 설정을 조정해 리소스가 사용 불가 상태일 경우 알림을 받을 수 있게 할 수 있다.
  - Route 53의 장애 조치(페일오버) 정책은 사용 불가능한 상태이거나 정상 동작 상태가 아닌 리소스로 인터넷 트래픽이 가지 않도록 재설정 작업을 지원한다.

Route 53 DNS의 동작 원리

도메인 네임 시스템은 www.abc.com처럼 사람이 읽을 수 있는 도메인 네임에 IP 주소를 매핑하는 역할을 한다.

여러분이 브라우저에서 www.abc.com을 입력하면 다음과 같은 일들이 일어난다.

- 운영체제는 우선 로컬 캐시에서 DNS를 확인한다.
- 그런 후, 여러분의 LAN에서 DNS를 찾는다.
- 다음 단계로 여러분의 DNS 캐시 서버(보통 인터넷 사업자(ISP))에게 쿼리를 보낸다.

 DNS 캐시 서버는 공신력 없는 DNS 서버라고 한다.

- 요청request을 공신력 있는 루트 네임 서버로 전달한다. 이 루트 네임 서버는 .com, .org 같은 최상위 도메인에 대한 네임 서버 목록을 유지 관리하는 역할을 담당하고 있다.
- 최상위 도메인TLD, top-level domain을 기반으로 www.gmail.com, www.wikipedia. org 같은 모든 도메인에 대해 네임 서버 목록을 유지 관리하는 역할을 담당하고 있는 최상위 도메인 네임 서버로 요청request을 전달한다. 이 잡job에서는 요청받은 도메인에 대해 공신력 있는 네임 서버를 찾아서 리턴하는 네임 서버들을 쿼리하는 작업을 수행한다.

Route 53에서 지원하는 DNS 리소스 레코드 타입

- **Address**(A) 레코드
  - IPv4 주소
  - 〈Value〉192.0.2.1〈/Value〉

- AAAA 레코드
  - IPv6 주소
  - 〈Value〉2001:0db8:85a3:0:0:8a2e:0370:7334〈/Value〉
- CNAME 레코드
  - Canonical/Alternative 도메인 네임
  - 〈Value〉hostname.example.com〈/Value〉
- Mail Xchange(MX) 레코드
  - 메일 호스트의 도메인 네임
  - 〈Value〉10 mail.example.com〈/Value〉
- Name Server(NS) 레코드
  - 네임 서버 레코드
  - 〈Value〉ns-1.example.com〈/Value〉
- PTR 레코드
  - 〈Value〉hostname.example.com〈/Value〉
- Start of Authority(SOA) 레코드
  - 존zone 자체 및 다른 DNS레코드에 대해 DNS 존에 저장된 정보
  - 7개의 필드로 구성됨: Primary authority, Contact detail, zone serial number, refresh time, retry time, expire time, and minimum time to liveTTL
  - 〈Value〉ns-2048.awsdns-64.net hostmaster.awsdns.com 1 1 1 1 60 〈/Value〉
- Sender Policy Framework(SPF) 레코드
  - 이메일 메시지 전송측 서버 ID를 확인하기 위한 용도
  - SPF 대신 TXT 레코드를 생성하는 것이 좋음
  - 〈Value〉"v=spf1 ip4:192.168.0.1/16 -all"〈/Value〉
- SRV 레코드
  - 서비스 레코드
  - 4개의 값으로 구성됨: Priority, Weight, 포트 번호, 도메인 네임
  - 〈Value〉10 5 80 hostname.example.com〈/Value〉

- TXT 레코드
  - 쌍따옴표로 묶은 문자열을 공백 문자로 구분한 목록을 포함하고 있다.

Alias 리소스 레코드

- Route 53은 리소스 레코드 세트와 (abc.com 같은) TLD 에 대해 사용자 엔드포인트를 가리키도록 유연성을 제공하는 Alias 레코드를 지원한다.
- CloudFront 배포, Elastic Beanstalk 엔드포인트, ELB 엔드포인트, S3 버킷, 기타 Route 53 리소스 레코드 세트를 위한 Alias 레코드를 생성할 수 있다.
- 사용자 DNS 네임에 대해 (google.com처럼 www가 없는 루트 도메인을 의미하는) Apex Zone을 가리키는 Alias 레코드를 이용할 수 있다.
- ELB와 그 외 다른 리소스들의 경우 IP 주소가 자주 변경될 수 있다. Route 53은 호스팅 영역에 대한 변경 없이도 자동으로 변경 사항이 쉽게 반영되게끔 해준다.
- Alias 리소스 레코드 세트가 CloudFront 배포, 로드 밸런서^{ALB}, S3 버킷을 가리키고 있을 경우, TTL$^{Time to live}$를 세팅할 수 없다. Route 53은 CloudFront, 로드 밸런서, S3의 TTL을 사용하기 때문이다.

라우팅 정책

Route 53에서는 다음과 같은 라우팅 정책을 지원한다. 이외의 여러 라우팅 정책은 AWS 홈페이지를 참고하길 바란다.

- **단순 라우팅**Simple Routing Policy
  - 트래픽을 라우팅하는 도메인을 위한 리소스가 하나만 있을 경우
  - 예: A record 내에 있는 IP 주소
- **가중치 기반 라우팅**Weighted Routing Policy
  - 동일한 역할을 수행하는 리소스가 여러 대 있을 경우

- 예: 지정된 비율에 맞춰 여러 리소스로 트래픽을 라우팅하는 경우(예를 들면 특정 서버에는 30%를 할당하고 다른 리소스에는 나머지 40%를 할당하는 식)
  - 리소스는 동일한 호스팅 그룹의 일부일 수도 있고 온-프레미스 서버일 수도 있다.
  - 리소스 양쪽 모두 50%씩 트래픽을 처리하도록 설정해 Active-Active 라우팅 정책을 세팅할 수도 있다.
- **지연 시간 기반 라우팅**Latency-based Routing Policy
  - Route 53은 가장 네트워크 레이턴시가 낮은 사용자에게 트래픽을 라우팅한다.
- **장애 조치 라우팅**Failover Routing Policy
  - 이 정책을 적용할 경우 Route 53에서 Active-Passive 페일오버 셋업을 할 수 있다. Active-Passive 페일오버란 메인 리소스가 모든 트래픽에 대해 응답하고, 서브 리소스는 아이들idle 상태를 유지하는 것을 의미한다.
  - 메인 리소스가 사용 불가 상태일 경우, 다른 리소스가 모든 트래픽을 처리한다.
- **지리적 라우팅**Geolocation Routing Policy
  - Route 53은 IP 주소에 대한 지역 위치 정보 데이터베이스를 사용한다. 아울러 사용자의 지리적 위치를 기반으로 DNS 쿼리에 대해 응답한다.

신규 도메인 등록

Route 53을 이용해 사용 가능한 도메인과 등록자register들을 찾을 수 있다. 다른 등록 업체를 통해 등록된 기존 도메인도 등록할 수 있다. 새로운 도메인을 어떻게 등록하면 되는지 알아보자.

준비 사항

우선 Route 53 서비스에 액세스한다. 그리고 도메인 등록을 위한 작업의 일부로서 다음과 같은 것들이 필요하다.

- 도메인 확인을 위해 이메일 ID로 접근
- 준비된 도메인 네임

수행 방법

1. AWS 콘솔로 로그인한 다음, Route 53으로 이동한다.
2. 도메인 등록 메뉴로 가서, Get started now를 클릭한다.

도메인 등록: 시작

3. 다음 스크린샷처럼 Register Domain을 클릭한다.

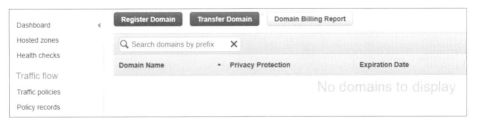

도메인 등록

4. 등록할 도메인 이름을 입력한 다음, **Check**를 클릭해 사용 가능 여부를 확인한다. **Related Domain Suggestions**에서는 입력한 도메인 네임과 비슷한 형태로 여러 개의 옵션을 제공한다(하나씩 살펴보고 마음에 드는 것을 선택해도 된다).

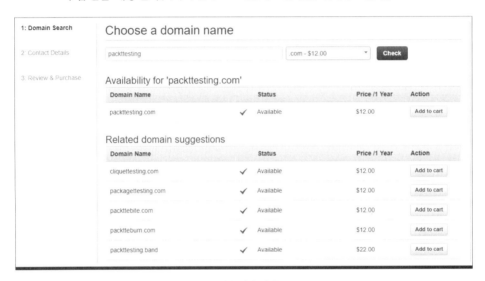

도메인 네임 선택

5. 원하는 도메인을 선택한 다음, **Add to Cart**를 클릭한다. 이어지는 페이지에서 **Continue**를 클릭한다.

6. 화면에 나온 것처럼 여러분의 연락처를 입력하고, **Continue**를 클릭한다.

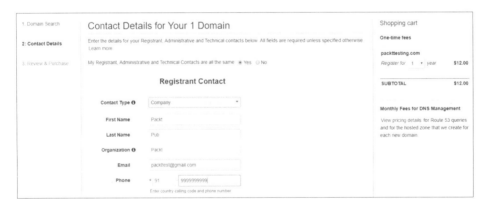

연락처 상세 정보 입력

7. 여러분이 입력한 상세 정보를 검토하고 서비스 약관도 자세히 읽고 확인한다. I have read and agree to the AWS Domain Name Registration Agreement 체크박스에 표시한 다음 Complete Purchase 버튼을 클릭한다.

도메인 등록 리뷰 및 완료

추가 정보

도메인 등록을 완료하고 나면, 다음 단계로 DNS 등록을 해야 한다. 하지만 Amazon Route 53을 통해 도메인을 등록할 경우 호스팅 영역이 자동으로 등록된다. DNS는 Route 53에서 생성될 수도 있고, 다른 솔루션을 사용할 수도 있다. 갱신 시점은 보통 1년 정도이며, 최상위 도메인TLD, top-level domains에서는 더 오랜 기간 사용할 수 있도록 등록할 수도 있다. 도메인 사용 기간은 현명하게 정해야 한다. 도메인을 갱신할 수 있는 기간은 TLD에 따라 다르다는 점도 참고한다.

도메인 등록 후 Route 53이 리턴하는 값들은 다음과 같다.

- Registered on: 도메인을 등록한 날짜
- Expires on: 도메인이 만료되는 날짜 및 시간(GMT 기준)

- **Domain name status code**: 도메인의 현재 상태(예: Registering, transferring, renewing 등)
- **Transfer Lock**: 활성Enabled 또는 비활성Disabled(다른 등록 업체에 도메인이 전달될 가능성을 줄이려면 이 항목을 활성화한다)
- **Auto renew**: Route 53이 자동으로 도메인을 갱신할지 여부를 나타낸다.
- **Authorization code**: 이 코드는 다른 등록 업체에 도메인을 절단할 때 필요한 정보다.
- **Name servers**: 도메인에 대한 DNS 쿼리의 응답 결과로 나타날 네임 서버의 목록을 의미한다.

도메인을 Amazon Route 53으로 전송하는 방법

현재 사용 중인 등록 업체에서 Amazon Route 53으로 도메인을 전달할 수 있다. 역으로 Route 53에서 다른 도메인 등록 업체로 도메인을 전달할 수도 있다. 뿐만 아니라 AWS 내에서 임의의 계정에서 다른 계정으로 도메인을 전달할 수도 있다. 이번 절에서는 Route 53으로 도메인을 전달하는 방법을 알아보자.

준비 사항

최소한 다음과 같은 요건이 갖춰져야 한다.

- 최소한 60일 정도 유효한 도메인 등록 정보 또는 도메인 복구 정보
- 현재 도메인 상태가 다음 중 하나에 해당될 경우 도메인 전달 작업을 초기화할 수 없으니 꼭 확인한다.
  - pendingDelete
  - pendingTransfer
  - redemptionPeriod
  - clientTransferProhibited

- Route 53이 TLD를 지원하는지 확인한다.

1. Route 53이 TLD를 지원하는지 확인한다. 지원 목록은 다음 URL을 통해 확인할 수 있다.

   http://docs.aws.amazon.com/Route53/latest/DeveloperGuide/registrar-tld-list.html

2. DNS를 전달한다.

   1) 네임 서버 상세 정보를 얻기 위해 Route 53의 호스팅 영역을 생성한다.

   2) 새로 생성된 호스팅 영역에서 리소스 레코드 세트를 모두 생성한다.

3. 현재 도메인 등록 업체의 세팅을 변경한다(도메인 등록 업체마다 약간씩 다를 수 있다).

   1) 도메인의 락lock을 푼다.

   2) 도메인의 프라이버시 보호privacy protection를 비활성화한다.

   3) 인증 코드Authorization Code를 확보한다(인증 코드에 관해서는 이전 절 설명을 참고).

   4) 도메인에 대한 DNSSEC을 비활성화한다.

   5) 현재 도메인 등록업체에 입력돼 있는 여러분의 연락처를 확인한다.

4. 도메인 전달을 요청한다.

   1) AWS 콘솔로 로그인해 Route 53을 선택한다.

   2) 도메인 등록 메뉴로 가서 Get started now를 클릭한다.

   3) Transfer Domain 메뉴를 선택한다.

   4) Amazon Route 53에 등록돼 있는 도메인 네임 중, 전달을 원하는 것을 입력하고 Check를 클릭한다.

   5) 등록된 도메인이 전달 가능한 상태이면, Add to Cart를 클릭한다. 반대의 경우 가능한 이유에 대한 목록을 결과로 얻을 것이다.

   6) 전달할 도메인 등록 결과를 추가한 다음 Continue를 클릭한다.

   7) 다음 상세 정보를 결과로 얻을 것이다.

      A) 인증 코드

B) 네임 서버 옵션:

   a) 현재 도메인 등록/관리 사업자 또는 DNS 서비스에서 제공되는 네임 서버를 계속 사용

   b) 도메인과 동일한 이름의 Route 53 호스팅 영역에서 네임 서버를 임포트

   c) 현재 도메인 등록/관리 사업자의 네임 서버를 대체할 새로운 네임 서버를 지정(별로 추천하지 않음)

C) 네임 서버들

D) Glue 레코드

8) 현재 도메인 등록 업체에 입력돼 있는 여러분의 연락처를 확인한 다음, Continue를 클릭한다.

9) 여러분이 입력한 정보가 맞는지 확인한다. 서비스 약관도 읽고 확인한 후, I have read and agree to the... 문장의 체크박스에 표시한다.

10) Complete Purchase를 선택한다.

5. 전달 설정을 계속하기 위해 등록한 이메일 ID로 확정 메일을 받을 것이다(등록 업체의 연락처로 전달을 승인하면 AWS가 도메인을 전달하기 위해 현재 도메인 등록 업체를 가지고 동작하기 시작한다).

6. 다음 상세 정보를 변경해 도메인 환경 설정을 업데이트 한다(필요할 경우 적용할 것).

   1) 전송 락^{Transfer Lock}

   2) 자동 갱신

   3) 연장된 등록 기간

   4) DNSSEC(도메인 네임 시스템 보안 확장)

호스팅 영역과 레코드 세트 생성

호스팅 영역은 트래픽을 어떻게 라우팅할지에 대한 정보를 리소스 레코드 세트 형태로 저장하고 있다. 레코드는 DNS가 여러분의 도메인, 서브도메인에 어떻게 응답할지를 결정

하는 역할을 한다. 여기서는 호스팅 영역과 리소스 레코드 세트를 어떻게 생성하는지 설명한다.

준비 사항

호스팅 영역을 생성하기 전에 도메인 네임과 나중에 연동할 리소스에 대한 접근 권한이 있는지 확인한다.

수행 방법

1. AWS 콘솔로 가서 Route 53 서비스를 클릭한다.
2. DNS management 메뉴에 있는 Get started now를 클릭한다.

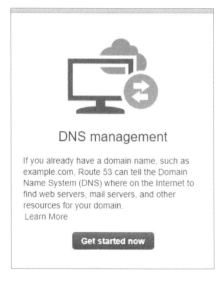

DNS: 시작

3. Create Hosted Zone을 클릭한다.

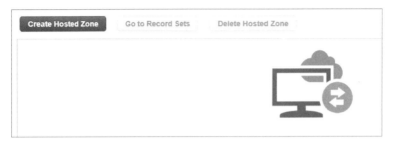

호스팅 영역

4. Create Hosted Zone 메뉴에서 Domain Name을 입력한다. Comment는 필수 사항은 아니지만, 필요하면 원하는 대로 입력한다.

5. Type을 Public Hosted Zone으로 선택한 다음 Create 버튼을 클릭한다.

호스팅 영역 생성

6. 호스팅 영역이 생성되면 기본적으로 NS(네임서버)와 SOA[Start of Authority] 레코드가 만들어질 것이다.

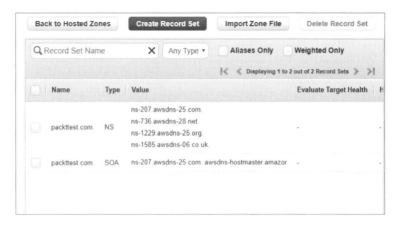

호스팅 영역 상세 정보

7. Crete Record Set을 클릭해 새로운 레코드를 생성한다.

8. 다음 값들을 입력한다.

   1) Name: 빈칸으로 남겨둔다. 나중에 packttest.com을 분석해 IP 주소로 매핑시킬 것이다.

   2) 그림과 같이 Type에서 **A – IPv4 address**를 선택한다.

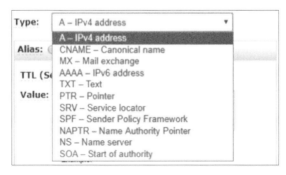

DNS: 레코드 타입 선택

   3) Alias: No를 선택한다.

4) TTL(Seconds): 기본 설정값인 **300**seconds(5분)로 둔다.

5) Value: Amazon EC2 인스턴스를 위한 Elastic IP 주소를 입력하거나, 웹 서버의 IP 주소를 입력한다.

6) Routing Policy: Simple을 선택한다. 아마도 기본 설정값이 Simple로 돼 있을 것이다.

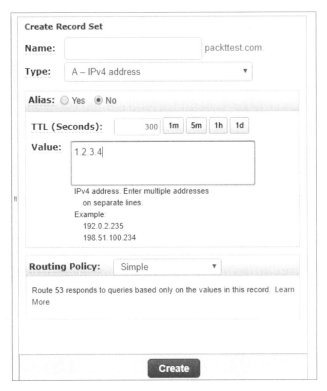

리소스 레코드 세트 생성

7) Create 버튼을 클릭한다.

9. www.packttest.com을 생성하려면 앞에서 했던 것과 동일한 과정을 반복하면 된다.

10. 웹 브라우저에서 URL을 입력하고 테스트한다.

퍼블릭 호스팅 영역 삭제

Amazon Route 53 콘솔을 이용해 호스팅 영역을 삭제하는 방법을 알아보자.

준비 사항

호스팅 영역을 삭제하면 현재 동작 중인 인터넷 라우팅에 오류를 일으킬 수 있다. 따라서
변경 작업을 하기 전에 백업을 해 둬야 한다. 물론 연동돼 있는 리소스 레코드 세트가 없
을 경우 호스팅 영역을 삭제해도 된다. 하지만 호스팅 영역을 삭제하기 전에 레코드를 삭
제해야 한다.

수행 방법

1. AWS 콘솔로 가서 Route 53 서비스를 선택한다. 그런 다음 Hosted zones를 클릭
   한다.

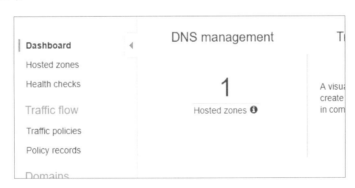

Route 53 콘솔

2. 삭제할 Hosted zone을 선택한다.

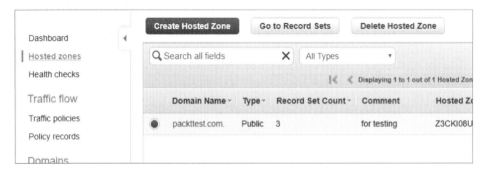

호스팅 영역 콘솔

3. 이외에 관련 리소스 레코드 세트를 삭제한다.

레코드 삭제

4. 리소스 레코드 세트 삭제 여부를 확인하고 진행한다.

레코드 삭제 확정

5. Back to Hosted Zones를 클릭한다. 호스팅 영역을 삭제하려면 Delete Hosted Zone 을 클릭한다.

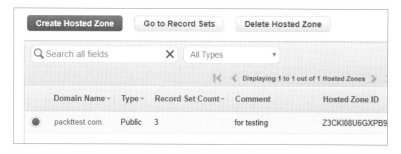

호스팅 영역 삭제

6. 호스팅 영역 삭제 **확정**Confirm 버튼을 클릭한다.

호스팅 영역 삭제 확정

Alias 레코드 세트 생성

ELB, CloudFront, S3는 하나 이상의 IP 주소를 이용해 각 요청에 대해 응답하고, IP 주소가 자주 변경된다. 따라서 이러한 서비스들을 IP 주소를 기반으로 운영하면 안 된다. 이에 대한 대안으로 CNAME 레코드를 추가하는 방법이 있다. CloudFront는 ELB, CloudFront, S3가 **Alias** 레코드를 이용하는 동안 엔드포인트를 추가할 수 있게 해준다.

다음 순서에 따라 Alias 레코드를 생성해보자.

1. 여러분이 생성해 놓은 Hosted zone을 선택한다.

2. Create Record Set를 클릭해 새로운 레코드를 생성한다.

3. 다음 정보들을 입력한다.

    1) Name: test.packttest.com를 읽어들이도록 빈칸으로 남겨둔다.

    2) 그림과 같이 Type에서 A – IPv4 address를 선택한다.

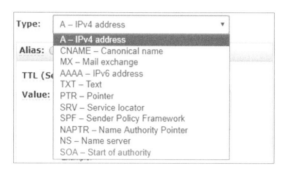

DNS: 리소스 레코드 타입

    3) Alias: Yes를 선택한다.

    4) 다음 항목에 대한 Alias 대상을 선택한다.

        • S3 엔드포인트

        • ELB 애플리케이션 로드 밸런서

        • ELB 클래식 로드 밸런서

        • CloudFront 배포

        • Elastic Beanstalk

        • 호스팅 영역에 있는 레코드 세트

    5) Alias Hosted Zone ID 정보를 입력한다(아마 선택한 Alias 대상으로 지정돼 있을 것
       이다).

6） Routing Policy： Simple을 선택한다.

7） Evaluate Target Health： 리소스 레코드 세트를 이용해 DNS 쿼리에 대한 응답 여부를 결정하고자 할 때 Alias 대상으로 지정된 리소스의 정상 동작 상태를 확인하는 방법을 이용할 경우, **Yes**를 선택한다.

8） Create 버튼을 클릭한다.

추가 정보

- Alias를 이용할 경우 다음 리소스 세트에 대해서는 TTL을 세팅할 수 없다. Amazon Route 53은 CloudFront, Elastic Beanstalk, ELB, S3 버킷 엔드포인트를 사용한다.

- Alias 리소스 레코드 세트를 이용하면 시간을 절약할 수 있다. Amazon Route 53이 자동으로 리소스 레코드 세트의 변경 사항을 인지하기 때문이다.

- 로드 밸런서 또는 CloudFront의 IP 주소가 달라질 경우 Amazon Route 53은 자동으로 DNS 쿼리에서 변경 사항을 반영한다.

- Alias 리소스 레코드 세트는 Amazon Route 53 내부에서만 유효하다. 즉, Alias 리소스 레코드 세트와 대상 모두 AWS의 리소스여야 한다.

- Amazon Route 53은 CloudFront 배포, Elastic Beanstalk, ELB 로드 밸런서, Amazon S3 버킷에 대한 Alias 쿼리 사용 시 따로 과금은 없다.

프라이빗 호스팅 영역 생성

프라이빗 호스팅 영역은 VPC 내에 있는 도메인과 서브도메인에 대한 트래픽을 어떻게 라우팅할 지에 대한 정보를 담고 있다. 프라이빗 호스팅 영역을 생성할 때는 단일 VPC만 지정할 수 있다. 하지만 나중에 VPC를 호스팅 영역으로 추가할 수 있다.

프라비잇 호스팅 영역을 생성하기 전에 VPC가 있어야 한다(리전은 어디든 관계없다). 프라이빗 존 기능을 활성화하기 위해 다음 항목들을 True로 세팅해야 한다.

- enableDnsHostnames
- enableDnsSupport

1. AWS 콘솔로 가서 Route 53 서비스를 선택한다.
2. DNS Management 메뉴에서 Get started now 버튼을 클릭한다.
3. Create Hosted Zone을 클릭한다.
4. Domain Name을 입력한다.
5. Comment에 적절한 정보를 입력한다.
6. Type에서 Private Hosted zone for Amazon VPC를 선택한다.

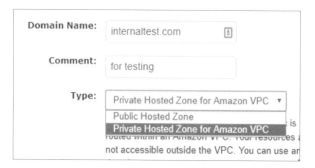

DNS: 프라이빗 호스팅 영역 생성

7. VPC ID 목록 중 호스팅 영역과 연동할 VPC ID를 선택한다.

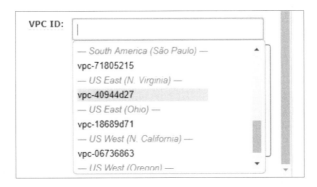

VPC 상세 정보 입력

8. 입력을 완료한 후 Create 버튼을 클릭한다.

Domain Name:	internaltest.com
Comment:	for testing
Type:	Private Hosted Zone for Amazon VPC ▼

A private hosted zone determines how traffic is routed within an Amazon VPC. Your resources are not accessible outside the VPC. You can use any domain name.

| VPC ID: | vpc-40944d27 | us-east-1 |

Important

To use private hosted zones, you must set the following Amazon VPC settings to true:

- enableDnsHostnames
- enableDnsSupport

Learn more

Create

프라이빗 호스팅 영역 생성 완료

9. 새로운 호스팅 영역에 VPC를 추가로 생성하고 싶으면, 화면 왼쪽의 Back to Hosted Zones를 클릭한다.

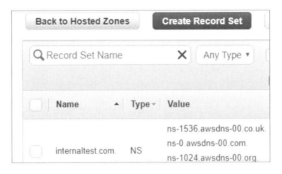

호스팅 영역 콘솔

10. 라디오 버튼을 클릭해 Hosted zone을 선택한다.

호스팅 영역 선택

11. 연결할 VPC ID를 입력하고 Associate New VPC를 클릭한다.

VPC 추가

추가 정보

- 최상위 도메인[TLD] 네임이 다른 경우, 동일한 VPC를 가리키는 호스팅 영역이 여러 개 있어도 된다.
- VPC의 CIDR IP 네트워크 대역이 충돌이 일어나지 않게 한다.
- 다음과 같은 상황에 대해 AD 디렉터리를 조절할 수 있다.
  - VPC와 온-프레미스 네트워크를 통합하고 싶을 경우
  - 프라이빗 호스팅 영역에서 도메인 네임과 리소스를 위해 온-프레미스 네트워크가 필요할 경우

가중치 기반 라우팅 정책 활용 방법

가중치 기반 라우팅 정책은 동일한 기능을 수행하는 여러 대의 리소스가 있을 경우 적용할 수 있다. 예를 들면 여러 대의 웹 서버를 가지고 하나의 사이트를 운영하는 경우를 생각해 볼 수 있다. 가중치[weight]가 할당된 리소스 레코드 세트를 이용하면 하나의 DNS 네임에 여러 대의 리소스를 연동시킬 수 있다.

가중치 기반 라우팅 정책은 보통 다음과 같은 곳에 많이 사용된다.

- 로드 밸런싱
- A/B 테스팅

1. AWS 콘솔에 로그인해 Route 53 서비스로 간다. 그런 다음 Hosted zones 메뉴를 클릭해 나타나는 결과 중 여러분이 만든 Hosted zone을 그림과 같이 선택한다.

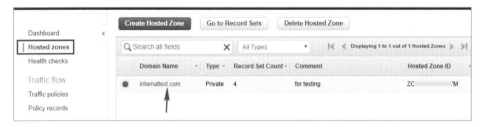

호스팅 영역 콘솔

2. Create Record Set을 클릭한다.
3. 첫 번째 레코드 세트를 생성한다. 그리고 레코드 상세 정보를 입력한다. Name에 는 test.internaltest.com을 입력한다.

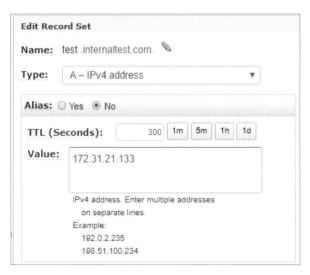

메인 레코드 상세 정보 입력

262

4. Routing Policy 항목에서 Weighted를 선택한다. Weight값은 1로 입력한다. 그림을 참고해 짤막한 설명도 입력해보자(필수 사항은 아님). Set ID에는 t2 instance 를 입력한다.

 이렇게 하면 동일한 레코드 세트들 내에서 구분할 수 있는 고유 ID가 된다.

Routing Policy: Weighted ▼

Route 53 responds to queries based on weighting that you specify in this and other record sets that have the same name and type. Learn More

Weight: 1

Set ID: t2 instance

Description of this record set that is unique
within the group of weighted sets.
Example:
My Seattle Data Center

Associate with Health Check: ○ Yes ◉ No

Save Record Set

메인 레코드 라우팅 정책

5. 두 번째 레코드 세트를 생성한다. 앞에서와 마찬가지로 상세 정보를 입력한다. Name에는 그림과 같이 test.internaltest.com을 입력한다.

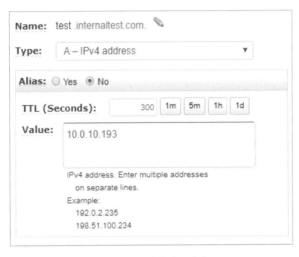

서브 레코드 상세 정보 입력

6. Routing Policy 항목에서 Weighted를 선택한다. Weight값은 4를 입력한다. 앞에서 했던 것처럼 필요하면 짧게 설명을 덧붙이자. Set ID에는 large instance를 입력한다.

서브 레코드 라우팅 정책 설정

7. 이렇게 해서 가중치 기반 라우팅 정책을 적용한 리소스 레코드 세트 2개를 생성했다.

	Name		Type	Value		TTL		Weight	Set ID	
☐	test.internaltest.com.	▲	A	172.31.21.133		300		1	t2 instance	
☐	test.internaltest.com.		A	10.0.10.193		300		4	large instace	

Weight가 적용된 레코드 상세 정보

동작 원리

- 가중치가 할당된 리소스 레코드 세트에는 동일한 DNS 네임과 타입의 조합으로 이루어진 리소스 그룹이 있다. 그리고 각 리소스 레코드 세트에는 서로 다른 가중치와 고유한 ID가 할당돼 있다.
- Route 53은 그룹에서 하나의 엔드포인트를 선택한다. 전체 리소스의 가중치 총합과 리소스 각각이 지닌 가중치와의 비율을 바탕으로 리소스가 선택된다.
- 설명하면 다음과 같다. 낮은 스펙의 온-프레미스 인프라스트럭처 자원과 큰 스펙의 AWS 인스턴스가 있다고 가정해보자. 효율적인 로드 밸런싱을 위해 2개의 리소스 레코드 세트를 생성하되, 온-프레미스 서버 쪽은 가중치를 1(20%)로, AWS 인스턴스에는 가중치를 4(80%)로 세팅하는 식이다.

장애 조치 라우팅 정책과 상태 확인 활용 방법

장애 조치 라우팅 정책Failover Routing Policy은 정상적으로 동작하고 있지 않은 리소스의 트래픽을 정상적으로 동작 중인 리소스로 라우팅하는 방법이다. 여러 대의 웹 서버, 애플리케이션 서버들처럼 동일한 기능을 수행하는 리소스가 여러 대 있을 경우, Amazon Route 53 상태 확인을 잘 설정해 여러분이 사용 중인 리소스에 대한 정상 동작 여부도 확인할 수 있고, 정상적으로 동작하고 있는 리소스로만 트래픽이 라우팅되도록 호스팅 영역에서 리소스 레코드 세트를 설정할 수도 있다.

1. AWS 콘솔에 로그인해 Route 53 서비스로 간다.
2. 다음 순서에 따라 헬스 체크Health checks를 세팅한다.
   1) 왼쪽 메뉴에서 Health checks를 선택한 다음 Create health check 버튼을 클릭한다.

DNS: 헬스 체크 콘솔

   2) 다음 그림을 참고해 상세 정보를 입력하고 Next 버튼을 클릭한다.

Create health check

Step 1: Configure health check
Step 2: Get notified when health check fails

Configure health check

Route 53 health checks let you track the health status of your resources, such as web servers or mail servers, and take action when an outage occurs.

Name   test1-primary-server

What to monitor   ● Endpoint
                   ○ Status of other health checks (calculated health check)
                   ○ State of CloudWatch alarm

Monitor an endpoint

Multiple Route 53 health checkers will try to establish a TCP connection with the following resource to determine whether it's healthy. Learn more

Specify endpoint by   ● IP address   ○ Domain name
Protocol   HTTP
IP address.*   13.126.115.170
Host name   www.example.com
Port *   80
Path   / images

▸ Advanced configuration

Health check type   Basic - no additional options selected (View Pricing)

* Required   Cancel   Next

헬스 체크 환경 설정

266

3) 필요할 경우 Advanced configuration 정보를 입력한다.

헬스 체크 상세 정보 입력

4) 알람 설정 항목에 대해 **Yes**로 표시한다.

헬스 체크 알람 설정

5) 리소스의 상태가 Healthy인지 확인한다. Healthy 상태가 될 때까지 약 몇 분
정도 걸릴 수도 있다.

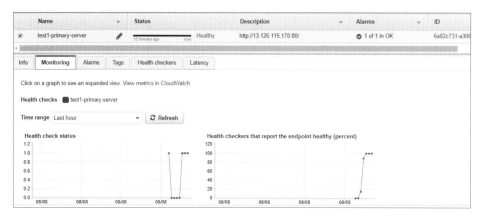

리소스 헬스 상태

6) 같은 방식으로 두 번째 호스트에 대해서도 헬스 체크를 세팅한다.

3. 다음 순서에 따라 호스팅 영역을 세팅한다.

1) Hosted zones를 클릭한 다음, 여러분이 만든 Hosted zone을 선택한다. 그리
고 Create Record Set을 클릭한다.

2) 다음 그림과 같이 여러분의 리소스 레코드 세트에 Name과 Value 항목에 대
한 값들을 입력한다.

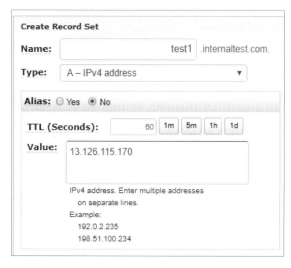

호스팅 영역: 레코드 생성

268

3) Routing Policy에서 Failover를 선택한다. Failover Record Type은 Primary를 선택한다. Set ID에는 `test1-Primary`라고 입력하고, Associate with Health Check 항목은 Yes로 설정한다.

4) Health Check to Associate 항목에서 그림과 같이 방금 생성한 헬스 체크를 선택한다.

메인 레코드 라우팅 정책

5) 마찬가지로 서브 호스트에 대한 리소스 레코드 세트도 앞에서 했던 것과 동일한 과정으로 생성한다.

동작 원리

장애 조치(페일오버) 정책은 서버가 정상적으로 동작하는 한 여러분이 메인으로 세팅해 놓은 서버에 모든 트래픽을 보낸다. 헬스 체크를 통해 서버가 정상적이지 않다고 판단되면, 트래픽을 백업용 서브 리소스로 전환한다. TTL은 60초 정도를 유지하도록 해 Route 53이 더 빠르게 변경된 헬스 체크에 응답하게끔 한다.

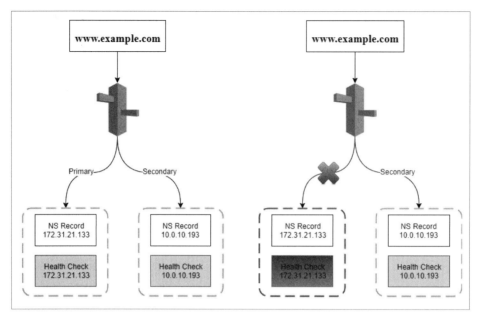

장애 조치(페일오버) 메커니즘

추가 정보

- 프라이빗 호스팅 영역에 있는 리소스의 경우 헬스 체크를 생성할 수 없다. 헬스 체크는 VPC 밖에서만 사용할 수 있다.
- 퍼블릭 IP/DNS 리소스에 대한 헬스 체크를 생성할 수 있다.
- 인스턴스에 연동돼 있는 퍼블릭 IP가 없을 경우, CloudWatch 알람을 생성하고 알람의 상태를 기반으로 헬스 체크를 세팅할 수 있다. 예를 들어 CPU 사용률이 90% 이상일 경우 CloudWatch가 주의보를 발령하고 알람 상태를 변경하도록 하는 식이다. 헬스 체크는 변경된 정보에 맞춰 대응한다.

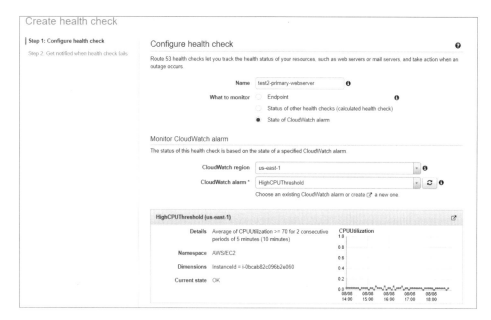

CloudWatch 알람을 이용한 헬스 체크 세팅

- 장애 조치 라우팅 정책 환경 설정 과정에서 서브 리소스의 장애 조치 리소스 레코 드 세트에 대한 설정은 필수 사항은 아니다.

07

클라우드 보안과
네트워크 컴플라이언스

7장에서는 다음 주제들을 다룬다.

- CloudFront에서 EC2 오리진 세팅 방법
- CloudFront에서 S3 오리진 세팅 방법
- Amazon CloudFront를 이용한 지리적 제약 설정
- CloudFront에서 사용자 맞춤형 에러 메시지 설정 방법
- CloudWatch 모니터링 세팅 방법
- ELB와 오토 스케일링 세팅 방법
- Trusted Advisor
- 로그 정보 보호 방법 – CloudWatch로 로그 데이터 전송
- CloudTrail 시작하기
- 침입 테스트 요청 방법

외부 공격에 대한 방어 수준을 확인하기 위해 각 조직과 기업들은 네트워크 보안을 측정, 점검한다. 인터넷에 직접 연결돼 있는 시스템은 수억 건 또는 그 이상의 침입 공격을 매일 받고 있다. 이들 중 대다수는 보안 시스템이 방어 가능한 상태인지를 단순 테스트해보는 정도지만, 나머지 중 일부는 예기치 않은 사건/사고 발생으로 이어져서 이에 대한 원인 분석 및 수습을 해야 할 수도 있다.

7장에서는 네트워크를 안전한 상태로 유지하는 데 도움이 되도록, 중요한 개념과 함께 보안 관련 통제 사항에 대한 상호 관련성 등을 설명한다.

우선, AWS의 '책임 공유 모델shared responsibility model'을 잘 이해해야 한다. 책임 공유 모델은 AWS와 고객이 인프라스트럭처의 보안에 대한 책임을 분담하는 것으로, IaaSInfrastructure as a Service, PaaSPlatform as a Service, SaaSSoftware as a Service에 따라 다양한 형태를 띤다.

AWS는 글로벌 인프라스트럭처를 대상으로 다음과 같은 사항들에 대한 보안을 책임지고 있다.

- 하드웨어 내부
- 물리적 수준의 보안
- 네트워크 보안과 컴플라이언스
- 가상화 및 인프라스트럭처 내부
- 인프라스트럭처 기반 장비(건물, 공조 시스템 등)

고객이 담당해야 하는 보안 관련 사항은 다음과 같다.

- 운영체제
- 고객이 생성한 인스턴스에서 발생하는 트래픽(인바운드/아웃바운드)
- AMI 안정화 상태 유지 및 보안
- 전송하거나 보관 중인 데이터

- AWS 승인 권한 및 SSO^{Single sign on}
- IAM 사용자 정책^{User policy} 및 역할^{Role}

책임 공유 모델을 쉽게 이해할 수 있도록 그림으로 정리했으니 참고하기 바란다.

- 고객은 클라우드 내에서^{In the Cloud} 보안과 컴플라이언스의 책임을 담당한다.
- AWS는 클라우드의^{Of the Cloud} 보안과 컴플라이언스의 책임을 담당한다.

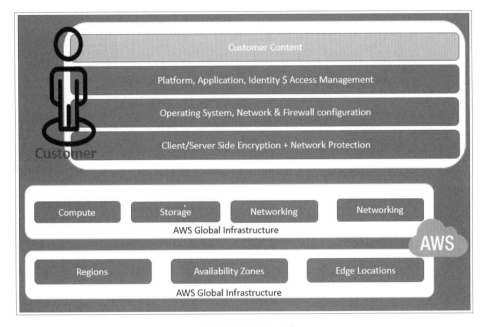

AWS의 책임 공유 모델

AWS가 내부적인 세팅을 담당하고 있으므로, 여러분은 안전한 환경을 유지하면서 동시에 시스템을 확장하거나 개선할 수도 있다.

침입 유형

이 절에서는 다양한 침입 유형과, 이를 완화시키는 데 활용할 수 있는 여러 가지 AWS 서비스를 알아보기로 한다.

- **분산 서비스 거부 공격**DDoS, Distributed Denial of Service : 인프라스트럭처 리소스의 소진 한
  계와 대역폭을 기반으로 하는 악성 침입 공격이다. DDoS 공격은 계획된 대상을
  변경하거나 건드리지 않으면서도 피해를 줄 수 있다.
  - **네트워크 대역 소진**Network Consumption : 공격 대상의 네트워크 대역 전체가 소진
    될 만큼 어마어마한 규모의 악성 패킷을 발생시켜 흘려보내는 공격 방식이다.
  - **인프라스트럭처 자원 소진**Resource Consumption : 이 유형의 공격은 때때로 매우 강력
    하다. 이런 이유로 CPU 클럭 속도, 디스크의 사용 가능 공간처럼 시스템의 중
    요 리소스가 대상이 되기도 한다.
  - Peer D compromise/ID 스푸핑Spoofing/man-in-the-middle : 해커들이 2개의 네트
    워크 노드들 사이에서 트래픽을 몰래 들여다보려고 하는 공격 방식이다. 이를
    테면 패스워드, 패스워드의 해시값, 프로그램 명령어 같은 것들이 해당될 수
    있다.
  - IP/DNS 스푸핑Spoofing : 침입자들이 호스트를 직접 공격하기 위해 사용자, 디바
    이스, 클라이언트인 것처럼 속이는 공격 방식이다.
  - **포트 스캐닝**Port Scanning : 선정된 포트로 연결을 시도하는 방식의 공격으로, 종종
    시스템 환경이 다운되도록 모든 포트를 대상으로 하기도 한다. 침입자는 약점
    을 파악하기 위해 대상 시스템을 차례대로 놓고 공격하기도 한다.

AWS 클라우드상에서 보안 관련 모범 사례로는 다음과 같은 것들이 있다.

- 항상 보안 그룹Security Group을 사용할 것
- 네트워크 ACLNACL을 세팅할 것
- 신뢰성 있는 네트워크 연결을 위해 IPSec 또는 Direct Connect를 사용할 것
- 전송 중이거나 보관 중인 데이터를 보호할 것
- VPC flow logs 기능을 켜 둘 것
- 항상 SSL/TLS 엔드포인트를 통해 데이터를 전송할 것
- 보안 통제 사항과 정책을 정기적으로 검토하고 확인할 것

CloudFront에서 EC2 오리진 세팅 방법

CloudFront는 AWS에서 제공하는 CDN^{Content Delivery Network} 서비스다. CloudFront는 엣지 로케이션^{edge location}이라고 부르는 분산된 데이터 센터로부터 이미지, 비디오, 정적 파일^{static files} 같은 캐시 콘텐트^{cache content}를 제공하는 글로벌 수준의 분산 네트워크를 제공한다. 특히 CloudFront가 가지고 운영하는 엣지 로케이션을 POP^{Points of presence}이라고 한다.

클라우드에서 DoS/DDoS 공격을 완화시키기 위해 사용되는 기술은 많다. 하지만 CloudFront는 좋은 서비스를 고객에게 제공하는 동시에 대규모 요청도 관리할 수 있는 가장 좋은 서비스 중 하나라고 할 수 있다. CloudFront는 DoS/DDoS의 대규모 유입 공격을 (시스템이 직접 피해를 입지 않도록 앞단에서) 흡수해버리기 때문이다.

CloudFront가 제공하는 배포^{distribution} 유형은 크게 2가지가 있다.

- **웹 배포**^{Web distribution}: 정적 콘텐트 및 다운로드 가능한 동적 콘텐트(예: HTTP 또는 HTTPS를 이용하는 .html, .css, .php 이미지)
- **RTMP 배포**^{RTMP distribution}: 어도비 미디어 서버와 어도비 RTMP^{Real-Time Messaging Protocol}을 이용해 미디어를 스트림한다. RTMP 배포는 오리진^{origin}으로 Amazn S3 버킷을 사용해야 한다.

준비 사항

CloudFront 웹 배포를 생성하기 전에 다음 사항들을 준비한다.

- 오리진이 사용 가능한 상태인지 확인한다. CloudFront에서 배포용 파일들을 확보할 수 있도록 오리진 서버들(S3, 웹 서버, 로드 밸런서 등)을 환경 설정한다.
- 오리진 서버에 파일을 업로드한다. 여기서 파일은 오브젝트 또는 객체라고도 한다. HTTP를 통해 제공 가능한 것들은 모두 해당되며 대표적으로 웹 페이지, 이미지, 미디어 파일 등이 있다.

- 로깅logging을 위한 S3 버킷의 환경 설정 작업을 한다.
- CNAME 또는 A 레코드Alias record를 생성한다. 필요할 경우 사용자가 정의한 도메인 네임을 사용하는 CloudFront 배포에 대해 환경 설정 작업도 한다.
- 사용자의 인증서를 사용하려면 SSL 인증서를 업로드한다.
- 필요에 따라 파일에 대해 헤더를 추가하기 위해 오리진 서버의 환경 설정 작업을 한다. 여기서 헤더는 CloudFront의 엣지 로케이션 내의 캐시에 파일을 얼마나 오랫동안 유지할지를 나타낸다. 기본값으로 각 오브젝트는 엣지 로케이션에서 24시간 동안 유지된다.
- CloudFront 배포를 생성하기 위한 적절한 액세스 권한이 필요하다.

수행 방법

1. AWS 콘솔에 로그인해 그림과 같이 **Network & Content Delivery** 메뉴를 찾는다. 여기서 **CloudFront**를 선택한다.

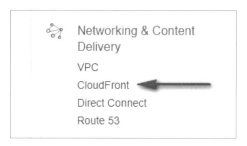

CloudFront 선택

2. Distribution을 찾아서 **Create Distribution** 버튼을 클릭한다.

CloudFront 배포 생성

3. 다음으로 Select delivery method > Web > Get Started 메뉴 및 버튼을 차례로 클릭한다.

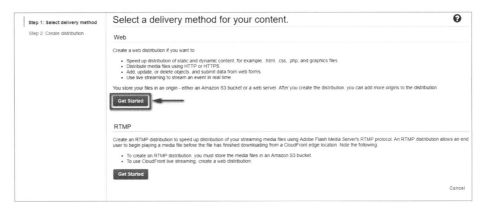

CloudFront의 Select delivery method

4. Origin Domain Name을 입력한다(여기서는 EC2의 퍼블릭 DNS 네임/ELB 네임/도메인 네임을 요구 사항에 맞춰 입력하면 된다).

CloudFront: 오리진 네임 입력

5. 요구 사항에 맞게 변경한다. 여기서는 테스팅을 위한 기본 설정값을 사용한다.

1) 가능할 경우 Alternate Domain Names(CNAMES)를 변경해도 된다.

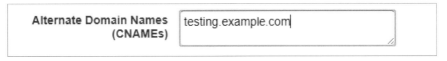

CloudFront: CNAME

2) CloudFront 내에서 캐싱 만료 시점을 지정하고 싶으면, **Object Caching** 항목에 대해 원하는 대로 변경하면 된다. 기본 설정값은 헤더로부터 캐싱 만료 시점을 받아오도록 돼 있을 것이다.

CloudFront:Object Caching

3) 가능할 경우 **SSL Certificate**를 추가한다. 그러면 CloudFront가 자동으로 *.cloudfront.net 인증서를 기본 설정값으로 사용할 것이다.

CloudFront: SSL Certificate

6. Logging은 On으로 설정한다. **Bucket for Logs**에는 버킷 이름을 입력한다. 그리고 **Log Prefix**에는 여러분이 사용할 폴더 이름을 입력한다.

CloudFront: Logs

7. 전체 웹 페이지가 다음 그림과 같은지 확인한다. 그런 다음 Create Distribution을 클릭한다.

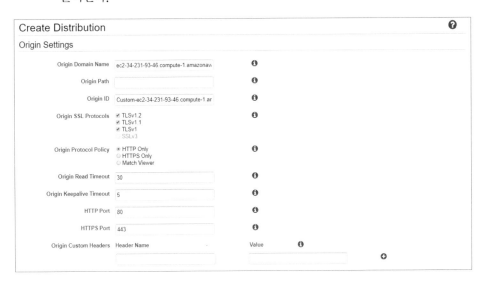

Default Cache Behavior Settings

Path Pattern	Default (*)
Viewer Protocol Policy	⦿ HTTP and HTTPS ○ Redirect HTTP to HTTPS ○ HTTPS Only
Allowed HTTP Methods	⦿ GET, HEAD ○ GET, HEAD, OPTIONS ○ GET, HEAD, OPTIONS, PUT, POST, PATCH, DELETE
Cached HTTP Methods	GET, HEAD (Cached by default)
Forward Headers	None (Improves Caching) ▾
Object Caching	⦿ Use Origin Cache Headers ○ Customize Learn More
Minimum TTL	0
Maximum TTL	31536000
Default TTL	86400
Forward Cookies	None (Improves Caching) ▾
Query String Forwarding and Caching	None (Improves Caching) ▾
Smooth Streaming	○ Yes ⦿ No
Restrict Viewer Access (Use Signed URLs or Signed Cookies)	○ Yes ⦿ No

Supported HTTP Versions	⦿ HTTP/2, HTTP/1.1, HTTP/1.0 ○ HTTP/1.1, HTTP/1.0
Default Root Object	
Logging	⦿ On ○ Off
Bucket for Logs	jmodi-testing.s3.amazonaws.com
Log Prefix	cloudfront
Cookie Logging	○ On ⦿ Off
Enable IPv6	☑ Learn more
Comment	
Distribution State	⦿ Enabled ○ Disabled

Cancel   Back   **Create Distribution**

CloudFront: 웹 배포 상세 정보

8. 배포^{distribution}가 생성될 때까지 약 15~20분 정도 걸린다.

9. 배포가 사용 가능한 상태가 됐다면, **State**가 **Enabled**로 변경돼 있을 것이다. ID를 클릭해 CloudFront 도메인 이름을 얻는다.

CloudFront 웹 배포

10. 웹 페이지 방문을 하려면 Domain Name을 사용하면 된다.

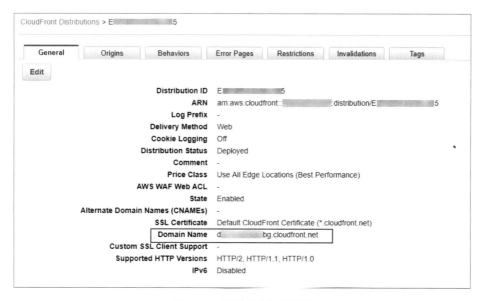

CloudFront 도메인 네임 상세 정보

11. 상세 정보를 변경하거나 다른 동작을 추가하려면, Behaviors로 가서 Create Behavior 를 클릭한다.

1) 어떤 데이터가 CloudFront를 통해 제공될지 그리고 어떤 데이터가 오리진 서버를 통해 제공될지는 설정한 동작에 따라 결정된다는 점에 주목하기 바란다.

CloudFront 동작 설정

동작 원리

1. 사용자가 웹사이트 또는 애플리케이션에 액세스한 다음, 이미지 파일이나 HTML 파일 같은 하나 이상의 객체를 요청한다.

2. DNS는 사용자의 요청에 가장 잘 제공할 수 있는 CloudFront 엣지 로케이션 에 대한 요청을 라우팅하는데, 보통은 지연 시간Latency을 기준으로 가장 가까운 CloudFront 엣지 로케이션이 이 역할을 담당한다.

3. 엣지 로케이션에서 CloudFront는 요청받은 파일을 위한 캐시를 다음 과정을 통해 확인한다.

1) 파일이 캐시돼 있으면, CloudFront는 사용자에게 이를 리턴한다.

2) 파일이 사용 불가한 상태라면, CloudFront는 파일 타입을 기반으로 해 오리 진 서버에 요청을 전송한다. 예를 들면 이미지 파일은 S3 버킷에 요청하고, HTML 파일은 HTTP 서버에 요청하는 식이다. 그런 다음 지정한 시간만큼 엣지 로케이션에 파일을 저장한다.

4. 데이터가 CloudFront의 IP 주소 중 하나로 전달될 것이기 때문에, 엣지 로케이션에서 콘텐츠를 액세스하려고 하는 침입자는 최종 서버의 상세 정보(S3 또는 HTTP 서버의 IP 주소)를 얻지 못한다.

5. 침입에 해당될 경우, 웹사이트에 대한 영향이 최소화하거나 일어나지 않도록 CloudFront는 요청을 흡수해버린다.

추가 정보

- CloudFront는 배포^{distribution}의 환경 설정을 모든 엣지 로케이션에 전송한다.
- 배포에 대해 제공할 수 있는 파일의 개수에는 제약이 없다.
- 웹사이트 또는 애플리케이션을 개발할 경우, CloudFront가 URL로 제공하는 도메인 네임을 사용한다.
- CloudFront는 로그 데이터 액세스를 기반으로 리포트를 생성한다. 리포트에 포함된 정보는 다음과 같다.
  - CloudFront 캐시 통계 리포트
    - 전체 요청 수
    - 결과 타입 기준 뷰어 요청 비율(%)
    - 뷰어에게 전송된 바이트 수
    - HTTP 상태 코드
    - Shows viewer GET
  - CloudFront에서 가장 많이 전송된 객체 관련 리포트
  - CloudFront를 가장 많이 침조한 사용자 리포트
  - CloudFront 사용 리포트
    - 요청 횟수
    - 프로토콜에 의해 전송된 데이터
    - 데스티네이션으로 전송된 데이터
  - CloudFront 뷰어 리포트
    - 디바이스 정보

- 브라우저 정보
- 운영체제
- 로케이션 정보

CloudFront에서 S3 오리진 세팅 방법

텍스트, 이미지, 비디오 같은 정적 파일을 S3로 저장하는 가장 좋은 방법 중 하나는 S3로 부터 콘텐트를 배포할 수 있는 CloudFront를 이용하는 것이다. 이 절에서는 S3 오리진에 대해 CloudFront 웹 배포를 생성하는 방법을 알아보기로 한다.

수행 방법

1. S3 버킷을 생성한다.

   1) AWS **콘솔**로 로그인해 Amazon **S3**를 선택한다. 그리고 Create bucket을 클릭한다.

   S3: Create Bucket

   2) Create Bucket 대화 창에서, 버킷 이름을 입력한다. Region에 대해서는 여러분의 버킷이 어느 리전에 위치할지 지정한다. 다음으로 Create 버튼을 클릭한다.

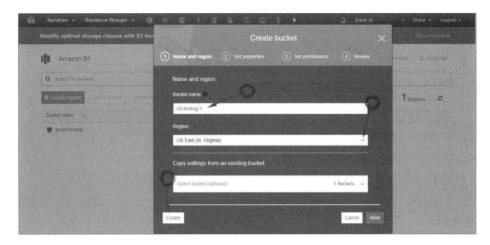

S3 버킷 상세 정보

A) CloudFront로 작업할 버킷을 위해, 이름을 DNS 네이밍 요구 조건에 맞춰야 한다. 자세한 사항은 Amazon S3 개발자 가이드의 **Bucket Restrictions and Limitations**를 참고한다(URL은 다음과 같다). http://docs.aws.amazon.com/AmazonS3/latest/dev/BucketRestrictions.html

B) 기본값으로 Amazon S3는 **US-Standard** 리전에 버킷을 생성한다. 따라서 최적의 지연 시간, 비용 최소화, 규제 요구 사항에 대응하기 위한 가장 가까운 리전을 선택하는 것이 좋다.

3) Buckets 탭 메뉴에서 버킷을 선택한 다음 Upload 버튼을 클릭한다.

S3 객체 업로드

4) Upload 탭에서 파일 페이지를 선택한 다음 **Add more files**를 클릭한다. 그리고 업로드할 파일을 선택한다. 앞의 과정을 완료한 후 **Upload** 버튼을 클릭한다.

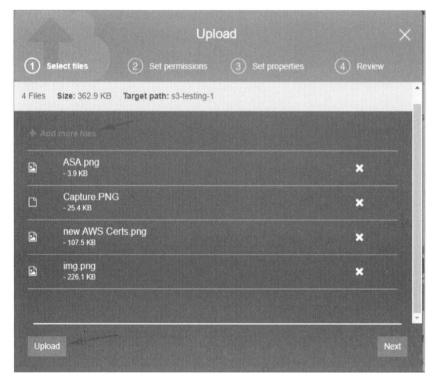

S3 이미지 파일 업로드

2. 다음 순서에 따라 CloudFront 웹 배포를 생성한다.

1) CloudFront 콘솔을 열고 **Create Distribution**을 선택한다. CloudFront 주소는 다음과 같다.

https://console.aws.amazon.com/cloudfront/

2) Web 섹션의 콘텐트 페이지에 대한 **Select a delivery method** 단계에서, **Get Started** 버튼을 클릭한다.

3) Origin Settings 단계의 Create Distribution 항목에서, 앞에서 생성한 Amazon S3 버킷을 선택한다.

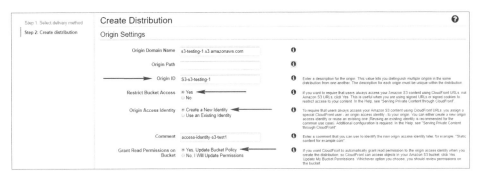

CloudFront 오리진 상세 정보

4) 나머지는 기본 설정값을 그대로 유지해도 되고, 1단계(CloudFront EC2 오리진 세팅)에서 설명한 세팅 방법을 이용해도 된다.

5) 세팅을 모두 완료한 후 Create Distribution을 클릭한다.

6) CloudFront가 여러분이 세팅한 배포를 생성하고 나면, Status 칼럼이 InProgress에서 Deployed로 바뀔 것이다. 배포가 활성 상태이면 요청을 처리할 수 있다.

> 앞의 작업은 대략 15분 정도면 끝난다. CloudFront가 여러분의 배포판에 할당할 도메인 이름은 배포판 목록에 나타난다(선택한 배포 항목에 대해 General 탭에도 나타날 것이다).

3. 링크를 테스트한다. S3의 객체 로케이션이 https://s3-us-west-2.amazona ws.com/bucket-name/file-name이면 CloudFront의 경로는 http://abc12 34abcdef8.cloudfront.net/file-name과 비슷한 형태로 나타날 것이다.

추가 정보

대체 도메인 네임을 이용할 경우 몇 가지 제약 사항이 있다.

- DNS 서비스 업체를 이용해 CNAME 또는 A record[Alias record]를 생성하기 위한 권한을 갖고 있어야 한다.
- 대체 도메인 네임은 모든 CloudFront 배포에 대해 고유한 값이어야 한다.
- DNS 프로토콜 제약으로 인해, zone apex라고 부르는 DNS 네임스페이스의 탑-노드(abc.com 같은)에 대한 CNAME은 만들 수 없다. 하지만 www.abc.com, new.abc.com 같은 CNAME 레코드는 생성할 수 있다.
- Amazon Route 53을 DNS 서비스로 이용하고 있다면 CNAME 대신 Alias 리소스 레코드 세트를 만들 수 있다. Alias 리소스 레코드 세트를 이용하면, Amazon Route 53 쿼리에 대한 과금도 피할 수 있다.
- 아울러 (abc.com 같은) zone apex에 대해 Alias 리소스 레코드 세트의 생성도 가능하다.

Amazon CloudFront를 이용한 지리적 제한 기능 설정

CloudFront는 여러분의 서비스를 이용하는 고객의 지리적 위치를 기준으로 콘텐츠에 대한 접근을 손쉽게 제한할 수 있도록 지리적 제한 기능을 제공한다.

1. **AWS 콘솔**로 로그인한 다음 CloudFront Distribution을 선택한다. 그리고 여러분이 만든 배포 결과를 선택한 후 Restrictions 탭으로 간다.

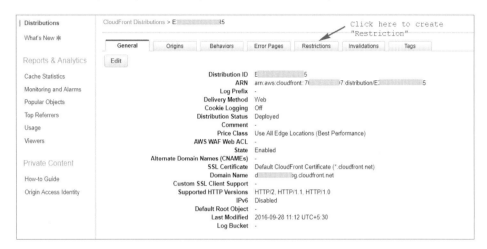

CloudFront 콘솔

2. Edit를 클릭한다.

CloudFront 제한 기능 세팅

> 이 기능을 활성화하면 여러분의 배포에 대해 국가별로 화이트리스트, 블랙리스트를 설정할
> 수 있다.

3. 왼쪽 박스에 있는 목록에서 하나 이상의 국가를 선택해 이것을 오른쪽 박스로 옮긴다. 그런 다음 Yes, Edit 버튼을 클릭한다.

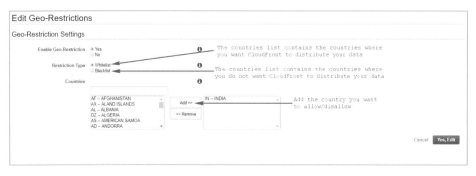

CloudFront 제한 기능 활성화

4. 이렇게만 하면 세팅이 완료된다. 이 설정 정보가 전 세계 엣지 로케이션으로 배포되고 나면(약 수분 정도 걸릴 수 있다), CloudFront 엣지 로케이션은 여러분이 설정한 정보를 바탕으로 특정 국가의 사용자에 대한 접근 제한을 시작하게 된다.

> 접근이 차단된 사용자에 대해서는 HTTP 403(Forbidden) 응답을 보낸다. 아울러 HTTP
> 403 응답에 대해 CloudFront를 이용해 사용자가 직접 정의한 에러 페이지를 만들 수도 있
> 다. 이를 통해 사용자에게 조금 더 친절한 메시지를 제공할 수 있을 것이다(자세한 사항은 이
> 어지는 절을 참고한다).

동작 원리

여러분이 온라인 스토어를 하나 운영하고 있고, 이 온라인 스토어를 통해 특정 나라의 사용자들에게 상품들을 판매하는 권한이 있다고 가정해보자. 이 경우, 해당 상품들에 대한

국외 접근을 제한할 방법이 필요할 것이다. 이때 CloudFront의 지리적 제한 기능을 이용하면 쉽게 해결이 가능하다. 여러분의 상품을 구매할 수 있는 특정 국가들의 화이트리스트를 작성하면 된다. 이렇게 해 놓으면 CloudFront 엣지 로케이션은 온라인 스토어에 접근한 사용자에 대해 (IP 주소를 기반으로) 지리적 위치를 확인한 다음, 화이트리스트 국가 목록에 해당하는 경우에만 콘텐트 접근을 허용한다. CloudFront는 국가별 IP 주소 매핑 작업에서 외부의 Geo-IP 데이터베이스를 사용한다.

또 다른 시나리오를 생각해보자. 여러분이 어떤 소프트웨어 회사에서 라이센스 문제로 특정 지역의 사용자들에 대해 암호화된 소프트웨어 상품의 다운로드를 제한하려고 한다고 가정해보자. 이 경우 CloudFront 콘솔(또는 CLI/API)을 이용해 특정 국가(들)의 블랙리스트를 작성할 수 있다. 이를 통해 CloudFront 엣지 로케이션은 블랙리스트 국가에서 들어오는 요청에 대한 콘텐트 제공을 제한할 수 있다.

CloudFront에서 사용자 맞춤형 에러 메시지 설정 방법

CloudFront를 사용하는 객체는 여러 가지 이유로 사용 불가한 상태가 될 수 있다. 대표적으로 다음과 같은 원인을 생각해볼 수 있다.

- **클라이언트 에러**(HTTP 4xx): 이러한 타입의 에러는 클라이언트로부터 받은 요청에 대한 HTTP 응답 결과다. 예를 들어 객체 이름이 없는 경우(HTTP 404 Not Found), 사용자가 객체에 대한 접근 권한이 없을 경우 (HTTP 403 Forbidden) 같은 것들이 있다.
- **서버 에러**(HTTP 5xx): 이러한 타입의 에러는 요청에 대한 처리가 이뤄지지 않아서 오리진 서버에서 문제가 발생한 경우에 해당된다. 예를 들면 HTTP 서버가 사용 불가 또는 과다한 요청 처리 상태를 생각해볼 수 있다.

CloudFront가 사용자에게 리턴할 수 있는 HTTP 상태 코드는 다음과 같다.

- 400(Bad Request), 403(Forbidden), 404(Not Found), 405(Method Not Allowed), 414(URI Too Long)
- 500(Internal Server Error), 501(Not Implemented), 502(Bad Gateway), 503(Service Unavailable), 504(Gateway Timeout)

수행 방법

1. **AWS 콘솔**로 로그인한다. **CloudFront** 서비스에서 여러분이 만든 배포를 선택하고, **Error Pages** 탭으로 이동한다.

2. **Create Custom Error Response** 버튼을 클릭한다.

CloudFront: 사용자 정의 에러 생성

3. **Error Pages**를 세팅한 다음 **Create** 버튼을 클릭한다.

CloudFront: 사용자 정의 Error Pages 생성

객체 또는 HTTP 웹 페이지에 대해 요청을 했을 때 다음과 같이 동작한다.

1. CloudFront는 로컬 캐시에 객체가 있는지 확인한다.

2. 만약 없으면, CloudFront는 오리진 서버에 객체가 있는지 확인한다.

3. 객체가 오리진 서버에도 없으면, 웹 서버는 CloudFront에 대한 HTTP 상태 코드를 사용자에게 리턴한다.

4. 예를 들어 사용자가 잘못된 URL 또는 객체를 요청할 경우, 웹 서버는 CloudFront에 대한 404 상태 코드를 리턴한다. CloudFront도 사용자에게 동일한 결과를 리턴한다.

5. 간단한 기본 설정 메시지 또는 웹 페이지 형태로 결과를 제공할 수도 있다. 예를 들면 "Not Found: The requested URL/myfilename.html was not found on this server" 같은 식이다.

6. 웹사이트에 동일한 포맷으로 이미지 또는 HTML 페이지를 지정할 수도 있다. CloudFront는 여러분이 지정한 오류 메시지를 포함하고 있는 객체 또는 HTML 파일을 사용자에게 리턴할 것이다.

CloudWatch 모니터링 세팅 방법

하루 중 특정 시간에 여러분의 웹사이트에 동시 접속하는 세션 수가 통상 5,000개 정도라고 생각해보자. 당장 여러분은 웹사이트가 응답을 정상적으로 하지 않는다는 것을 알게 될 것이고, 트래픽이 이미 2배(10,000)가 넘었을 것이라는 사실도 알게 될 것이다. (CloudWatch 같은) 시스템을 모니터링하는 솔루션이 필요할 것이다. 또 동시 접속 세션 수가 2배를 넘을 경우 알람을 보내는 시스템(예: Amazon SNS)도 필요할 것이다. 이를 통해 고객에게 더 나은 서비스를 할 수 있도록 여러분의 시스템 인프라스트럭처가 과다한 트래픽을 잘 처리할 수 있게 될 것이다.

CloudWatch의 주요 특징은 다음과 같다.

- 모니터링 서비스
- AWS에서 실행 중인 리소스와 애플리케이션 감시
- 원시 데이터의 수집하고 처리한다. 또 실시간 측정 결과를 보여준다.
- 로그 파일을 수집하고 모니터링한다.
- 알람을 세팅한다.
- 시스템 환경의 변경 사항을 반영한다.

EC2는 기본 설정 값으로 매 5분마다 CloudWatch로 측정 데이터를 전송한다. 하지만 Detailed Monitoring 옵션을 활성화하면 매 1분마다 측정 데이터를 전송할 수 있다.

준비 사항

이 절에서는 CPU 가동률에 대한 모니터링 경보 알림 기능을 생성하고, 관련 수신자들에게 이메일로 전송하게 할 것이다. 아울러, 다양한 리소스들에 대한 경보 알림 기능도 생성할 수 있고, 모니터링에 대해 사용자 정의 지표metric도 생성할 수 있다.

앞의 사항들을 만들기 위해 우선 CloudWatch와 SNS으로 접속한다.

수행 방법

알람을 생성하고 메시지를 전송해보자.

1. AWS **콘솔**로 로그인한 다음 Management Tools 카테고리에서 CloudWatch를 선택한다.

CloudWatch 서비스 선택

2. Alarms 메뉴에서 Create Alarm 버튼을 클릭한다.

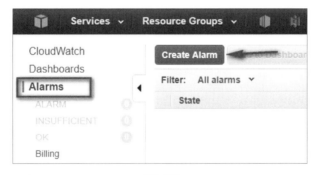

알람 생성

3. 적절한 지표를 찾는다(여기서는 CPUUtilization을 선택한다). 이 지표를 적용할 인스턴스를 선택한 다음 Next 버튼을 클릭한다.

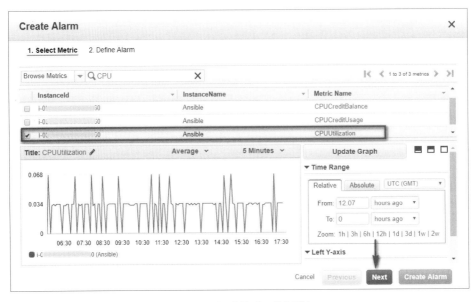

CloudWatch: 측정 지표 상세 정보

4. Alarm Threshold 섹션에서 Name을 다른 것들과 중복되지 않도록 입력한다. Description도 적절하게 입력하고, 임계치threshold의 최솟값도 입력한다(여기서 임계치는 시스템 과부하 같은 상황에 취해야 할 대응이 일어나기 위한 수치를 의미한다).

CloudWatch 알람 발생 임계치 설정

5. Actions 항목에 대해 그림과 같이 이메일을 보낼 수 있도록 적절하게 정보들을 입력한다.

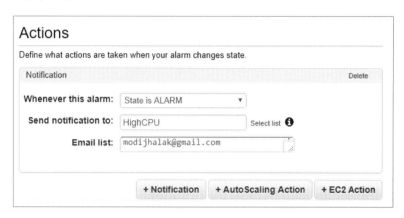

CloudWatch: 알람 발생 시 Actions 설정

6. 화면 오른쪽에서 Alarm 항목에 대한 전체적인 설정 정보를 확인한 후 Create Alarm 버튼을 클릭한다.

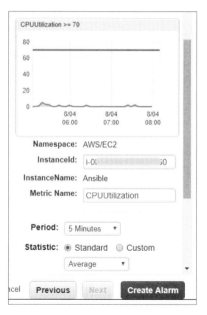

CloudWatch: 알람 설정 관련 상세 정보

7. 상세 정보의 수신 여부를 확인하기 위한 이메일을 설정할 수 있다. 여기서는 I will do it later 버튼을 클릭한다.

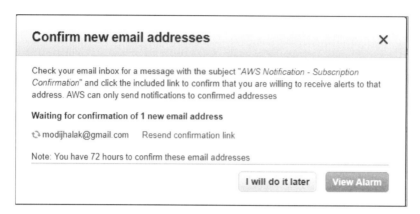

CloudWatch: 이메일 세팅

8. 약간만 기다리면 여러분이 세팅한 알람이 사용 가능한 상태가 돼 있을 것이다.

CloudWatch: 알람 상태

9. 이메일 수신 여부를 확정하려면 **Confirm subscription**을 클릭한다. 혹시 이메일이 오지 않았다면 스팸 메일함에 있는지 확인해보자.

 SNS 토픽이 이미 생성돼 있으면 수신 확정 이메일이 오지 않는다. 아울러 알람 상태도 자동으로 바뀌어 있을 것이다.

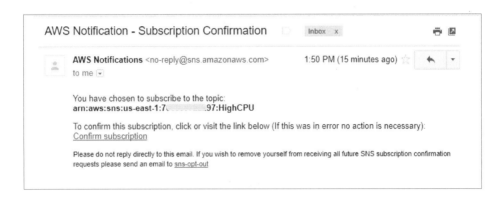

10. 알람 상태를 다시 한 번 확인한다.

추가 정보

Instance/System Status Check Failed일 경우 CloudWatch를 이용해 자동으로 인스턴스를 복구하거나 재시작하게끔 할 수 있다.

System Status Check Failed 상태에 대해 인스턴스를 복구하려면 다음과 같이 한다.

1. 앞에서 설명한 1부터 10까지 내용 중 2번까지는 동일하다.

2. 다음으로 StatusCheckFailed_System 항목을 찾아서 Next 버튼을 클릭한다.

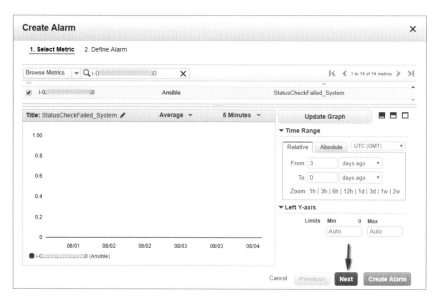

CloudWatch: Status Check Failed 알람

3. Actions 메뉴에서 +EC2 Action을 클릭한다. 그런 다음 Recover this instance 항목을 선택하고 Create Alarm 버튼을 클릭한다.

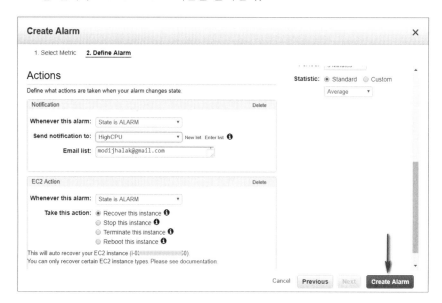

CloudWatch: Status Check Failed 알람 액션

4. Instance Status Check Failed가 일어났다면 인스턴스를 재시작한다. 다음을 보자.

- 앞에서 설명한 1부 10까지의 과정 중 2단계까지 동일하게 수행한다.
- StatusCheckFailed_Instance를 검색한 다음 Next 버튼을 클릭한다.
- Actions 메뉴에서 +EC2 Action을 클릭한다. 그런 다음 Reboot this instance 항목을 선택하고 Create Alarm 버튼을 클릭한다.

ELB와 오토 스케일링 세팅 방법

서비스 거부 공격^{DoS}, 분산 서비스 거부 공격^{DDoS}을 완화시키고, 공격으로부터 보호하기 위해 AWS 클라우드는 탄력성을 기반으로 한 방안을 제공하고 있다. DoS/DDoS 공격은 주로 온–프레미스 인프라스트럭처 환경인 공격 대상의 제한된 컴퓨트, 메모리, 디스크, 네트워크 리소스를 고갈시킨다. 하지만 AWS 클라우드는 필요할 경우 원하는 만큼 새로운 리소스를 확보할 수 있다는 점에서 매우 유연하다고 하겠다.

수행 방법

ELB와 오토 스케일링을 생성하는 과정이 필요하다. 이와 관련된 내용은 3장을 참고하기 바란다.

동작 원리

AWS 서비스는 장애가 발생할 확률이 매우 낮은, 한마디로 대단히 견고하다. 따라서 앞에서 설명한 형태의 공격을 받았을 경우 ELB와 ASG^{Auto Scaling Group}은 다음과 같이 동작한다.

- 모든 외부 요청은 ELB를 거치며, 이를 통과한 후에 EC2 서버에 도달하게 된다.
- 예기치 않은 급작스러운 트래픽 상승('스파이크^{spike}')에 대응하도록 CloudWatch 설정을 할 수 있다(예를 들면 알람을 발생시키고 이를 SNS 메시지로 전달하는 방법도 있고,

오토 스케일링을 이용해 EC2 인스턴스를 트리거하는 방법도 있다).

- 오토 스케일링은 워크로드 내지는 외부 요청의 규모에 따라 웹 서버를 스케일-아웃 한다.
- 정상 사용자에게 데이터를 제공해 공격에 대항할 시간 확보가 가능해진다. 심지어 대규모 트래픽 공격이 일어나더라도 클라우드 유연성을 통해 최적의 사용자 경험을 수행하고 제공하도록 웹 서버가 확장할 수 있다.
- 공격이 중단되면 오토 스케일링은 늘렸던 시스템 규모를 줄여서 원래 상태로 되돌려 놓는다.

Trusted Advisor

AWS Trusted Advisor는 현재 인프라스트럭처와 AWS의 모범 사례Best Practice를 비교해 실시간 가이드를 통해 여러분의 인프라스트럭처를 최적화할 수 있도록 도와준다. 여기서 AWS 모범 사례는 비용 최적화, 더 나은 성능, 보안 수준 향상 그리고 장애 허용으로 구성돼 있다.

AWS는 다음 4가지 영역을 기반으로 모범 사례를 비교한다.

- 비용 최적화
- 성능
- 보안
- 장애 허용

준비 사항

이번 절에서는 AWS Trusted Advisor 콘솔에 대해 자세히 배울 것이다. 또 Trusted Advisor의 상태를 확인하면서 변경 사항을 추적하고 대응하기 위해 CloudWatch 이벤트를 사용한다.

1. AWS 콘솔에 로그인한다. Management Tools 메뉴 중, Trusted Advisor를 클릭한다.

Trusted Advisor

2. 현재 상태를 확인하는 데 몇 분 정도 소요될 것이다. 결과는 다음 그림과 같이 화면에 나타날 것이다.

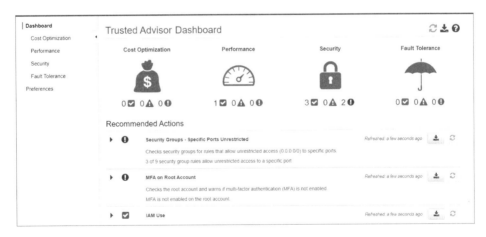

Trusted Advisor 콘솔

3. Recommended Actions 섹션에서 경고warning로 표시된 항목을 선택한다. 그런 다음 Alert Criteria 정보를 바탕으로 필요한 조치 사항을 파악한다.

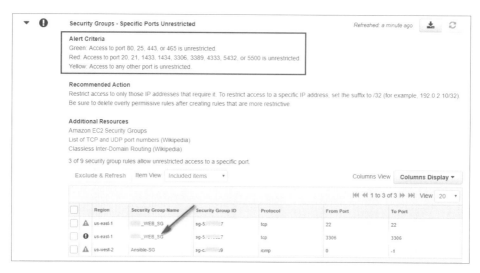

Trusted Advisor Alert

4. 자, 이제 CloudWatch 콘솔로 이동해 왼쪽 메뉴 중 Events를 선택한다. 그런 다음 Create rule 버튼을 클릭한다.

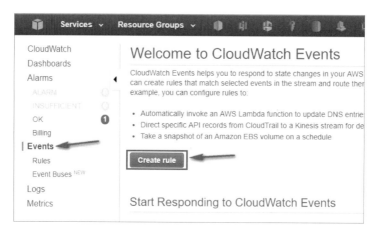

CloudWatch Events 화면

5. Event Source 항목에서 Service Name에 대해 Trusted Advisor를 선택한다.

1) Event Type은 All Events를 선택한다.

 이 옵션은 신중하게 선택하기 바란다. 이메일 폭주가 일어날 수 있다.

CloudWatch 이벤트 룰 세팅

2) 특정 이벤트에 대해서는 다음과 같이 한다.

A) Status values: Event Type은 Check Item Refresh Status를 선택한다. 그리고 Specific Status(es) 항목을 지정한 다음 그림과 같이 ERROR와 WARN을 선택한다.

B) Trusted Advisor checks: Specific check(s) 항목을 선택한 다음 목록에서 하나 이상의 네임을 선택한다.

C) AWS Resources: Specific resource ID(s)에는 ARN을 지정하고 리소스의 ARN 정보를 입력한다(또는 모든 리소스에 룰이 적용되도록 Any resource ID 를 선택한다).

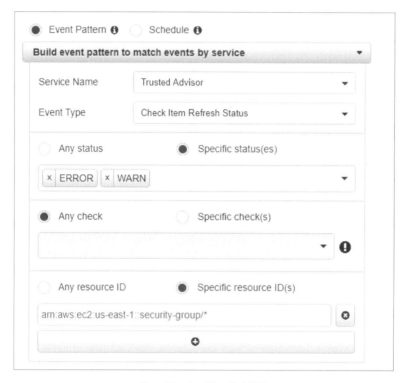

CloudWatch 이벤트 상세 정보

6. Target 항목에 대해, **Add Target**을 선택한다.

7. **Target Type**에는 여러분이 수행할 액션을 선택한다. **SNS topic**에는 여러분이 생성한 **Topic**을 선택한다. **Configure input**에는 **Matched event**를 선택한다.

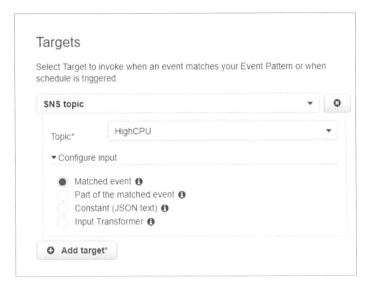

CloudWatch 이벤트 Target

8. **Configure details** 버튼을 클릭한다.

CloudWatch 이벤트 Configure details

9. Step 2: Configure rule details 단계에서, Rule definition 메뉴의 Name, Description 항목에 대해 그림과 같이 적절한 값을 입력한다. 그런 다음 Create rule 버튼을 클릭한다.

CloudWatch 이벤트 Configure Rule

10. 생성이 완료되면 Status가 녹색으로 바뀌어 있을 것이다.

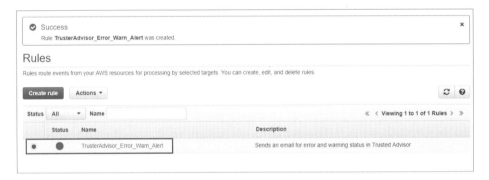

CloudWatch Event Rule Status

동작 원리

Trusted Advisor는 여러분의 시스템 환경을 파악하고 AWS의 모범 사례와 비교한다. 파악 작업이 완료되고 나면 개선 권고 액션 항목들을 제시한다. 아울러 각 항목에 대해 제시된 링크를 선택해 해당 액션을 수행할 수 있다.

이외에 AWS CloudWatch 이벤트를 생성해 Trusted Advisor에서 발생하는 변경 사항에 대해 경보를 전송하도록 할 수 있다.

로그 정보 보호 방법 – CloudWatch로 로그 데이터 전송

중요한 애플리케이션을 위해, 동작 내역과 트랜잭션을 추가, 변경, 삭제에 대한 모든 사항에 대한 로그를 생성해야 한다. 각 로그 데이터는 다음과 같은 정보를 포함한다.

- 유저 식별
- 이벤트 타입
- 타임스탬프(날짜, 시간)
- 성공 또는 실패 여부
- 이벤트 원인
- 영향받은 데이터, 시스템 구성 요소, 리소스 ID 또는 이름

로그 정보를 보호하기 위해 다음과 같이 한다.

- 감시 로그Audit trail가 활성화돼 있는지 그리고 시스템 구성 요소에 대해 활성 상태인지 확인한다.
- 잡job에 관련된 당사자들만 감시 로그 파일을 볼 수 있는지 확인한다.
- 현재 감시 로그 파일이 접근 통제 메커니즘, 물리적 분리, 네트워크 분리 등을 통해 인증되지 않은 변경 사항에 대해 영향받지 않고 보호되고 있는지 확인한다.
- 현재 감시 로그 파일이 변경하기 어려운 중앙 로그 서버 또는 미디어에 바로 백업되고 있는지 확인한다.
- 정상적인 로그 리뷰어가 모든 시스템 구성 요소에 대해 수행되고 있는지 확인한다.

서버에 로그인하지 않고 보안팀에 대해 로그 액세스 권한을 부여하고, 많은 비용을 들이지 않고 별도의 로그 서버를 만드는 시나리오를 생각해보자.

CloudWatch 로그는 시스템과 애플리케이션, 사용자 정의 로그 파일들을 모니터링하고, 문제를 해결하는 기능을 제공한다. 또 CloudWatch에 대한 로그를 가져올 수 있고, 특정 문구, 값, 패턴에 대해 준 실시간으로 모니터할 수 있다.

예를 들어 (실패에 대한 사용자 로그 같은) 시스템 로그를 바탕으로 특정 오류에 대한 알람을 세팅할 수도 있고 (웹 요청에 대한 지연 같은) 애플리케이션 로그를 기반으로 한 그래프를 볼 수도 있다.

이러한 알람 또는 그래프는 원본 파일을 변경하지 않는다. 따라서 더 많은 인사이트를 얻기 위해 언제든 로그를 확인할 수 있다. 로그 파일은 안전하게 저장되며 최대 10년 동안 액세스할 수 있다. 따라서 하드 디스크에 따로 저장하지 않아도 된다.

CloudWatch Log Agent는 아마존 리눅스, 우분투, 윈도우에서 사용 가능하다. 이 에이전트는 호스트상에서 개별 로그 파일의 모니터링을 지원한다.

1. CloudWatch를 위한 IAM 역할Role, 사용자User를 다음과 같이 설정한다.

   1) https://console.aws.amazon.com/iam/에서 IAM 콘솔을 연다.
   2) 메뉴에서 Roles를 클릭한 다음, Role Name 칼럼으로 가서 IAM role을 클릭한다.
   3) Inline Policies에서 Create Role Policy를 클릭한다.
   4) Set Permissions 페이지에서 Custom Policy를 클릭한 다음 Select를 클릭한다.
   5) Review Policy 페이지에서 Policy Name 필드에 정책 이름을 입력한다.

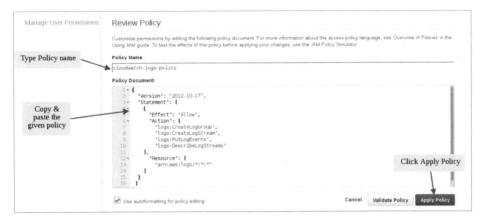

IAM 정책

6) Policy Document 필드에 다음 정책을 붙여 넣는다.

```
{
    "Version": "2012-10-17",
    "Statement": [
        {
            "Effect": "Allow",
            "Action": [
                "logs:CreateLogGroup",
                "logs:CreateLogStream",
                "logs:PutLogEvents",
                "logs:DescribeLogStreams"
            ],
            "Resource": [
                "arn:aws:logs:*:*:*"
            ]
        }
    ]
}
```

7) Apply Policy를 클릭한다.

2. 기존의 Amazon EC2 인스턴스에 대한 CloudWatch 로그를 다음과 같이 설치하고 설정한다.

1) EC2 인스턴스에 접속한다.

2) CloudWatch Logs 에이전트 설치 파일은 세팅 과정에서 일부 정보를 필요로 한다. 시작하기에 앞서, 모니터링할 로그 파일과 타임스탬프 포맷이 무엇인지 알아둔다. 아울러 다음 정보들도 준비해야 한다.

A) AWS access key ID: IAM 역할^{role}을 사용 중이면 엔터 키를 클릭한다. 아니라면 AWS access key를 입력한다.

B) AWS secret access key: IAM 역할을 사용 중이면 엔터 키를 누른다. 아니라면 AWS secret access key를 입력한다.

C) Default region name: 엔터 키를 누른다. 기본 설정값은 us-east-1이며 다음 중 하나로 세팅할 수 있다. us-east-1, us-west-1, us-west-2, eu-west-1, eu-central-1, ap-southeast-1, ap-southeast-2, ap-northeast-1

C) Default region name: 빈칸으로 남기고 엔터 키를 누른다.

E) Path of log file to upload: 전송할 로그 데이터가 포함된 파일의 위치 정보다. 설치 파일이 여러분에게 경로를 제시할 것이다.

F) Destination log group name: 로그 그룹을 위한 이름을 의미한다. 설치 파일에서 여러분에게 로그 그룹 이름을 제시할 것이다.

G) Destination log stream name: 기본 설정값은 호스트 이름으로 돼 있다. 설치 파일에서 여러분에게 호스트 이름을 제시할 것이다.

H) Timestamp format: 해당 로그 파일에 사용될 타임스탬프 포맷을 지정한다. 여러분이 원하는 포맷으로 지정한다.

I) Initial position: 데이터를 업로드하는 방법을 의미한다. 데이터 파일 내에 있는 모든 것을 업로드하려면 start_of_file로 세팅한다. 새로 추가된 데이터만 업로드하려면 end_of_file로 세팅한다.

3) CloudWatch Logs 에이전트 설치 파일을 실행한다. EC2 인스턴스에 터미널로 접속해, 다음 명령어 실행 결과를 참고해 명령어들을 순서대로 입력한다.

```
[root@ip-172-31-45-203 ~]# cd /home/centos/
[root@ip-172-31-45-203 jhalak]# wget
https://s3.amazonaws.com/aws-CloudWatch/downloads/latest/
awslogs-agent-setup.py
[root@ip-172-31-45-203 jhalak]# python ./awslogs-agent- setup.
py --region us-west-2
Launching interactive setup of CloudWatch Logs agent ...
Step 1 of 5: Installing pip ...DONE
Step 2 of 5: Downloading the latest CloudWatch Logs agent bits
... DONE
Step 3 of 5: Configuring AWS CLI ...
AWS Access Key ID [****************A6GQ]:
// 엔터 키를 누른다
AWS Secret Access Key [****************0Y3Q]:
// 엔터 키를 누른다
Default region name [us-west-2]:
// 엔터 키를 누른다
Default output format [None]: text
// 엔터 키를 누른다
Step 4 of 5: Configuring the CloudWatch Logs Agent ... Path of
log file to upload [/var/log/messages]:
// 엔터 키를 누른다
Destination Log Group name [/var/log/messages]:
// 엔터 키를 누른다
Choose Log Stream name:
1. Use EC2 instance id.   2. Use hostname.   3. Custom.
Enter choice [1]:
// 엔터 키를 누른다
Choose Log Event timestamp format:
1. %b %d %H:%M:%S (Dec 31 23:59:59)
2. %d/%b/%Y:%H:%M:%S (10/Oct/2000:13:55:36)
3. %Y-%m-%d %H:%M:%S (2008-09-08 11:52:54)
4. Custom
Enter choice [1]:
// 엔터 키를 누른다
Choose initial position of upload:
```

```
1. From start of file.
2. From end of file.
Enter choice [1]:
// 엔터 키를 누른다
More log files to configure? [Y]: N
// 더 많은 로그 파일의 환경설정을 하려면 Y를 누른다
Step 5 of 5: Setting up agent as a daemon ...DONE
--------------------------------------------------------
- Configuration file successfully saved at:
/var/awslogs/etc/awslogs.conf
- You can begin accessing new log events after a few
moments at
https://console.aws.amazon.com/CloudWatch/home?region=us-west-
2#logs:
- You can use 'sudo service awslogs start>stop>status>restart'
to control the daemon.
- To see diagnostic information for the CloudWatch Logs Agent,
see /var/log/awslogs.log
- You can rerun interactive setup using 'sudo python ./awslogs-
agent-setup.py --region us-west-2 --only- generate-config'
--------------------------------------------------------
```

4) 앞의 과정을 완료하고 나면 설치 파일이 다른 로그 파일을 설정할 것인지 물어볼 것이다. 각 로그 파일에 대해 원하는 대로 앞의 과정에 따라 명령어를 실행하면 된다. 모니터링할 로그 파일이 더 이상 없으면, 설치 파일이 다른 로그 파일 세팅 여부를 물어볼 때 N(No를 의미)을 선택하면 된다.

5) 에이전트가 잠시 실행되고 나면 CloudWatch 콘솔에서 새로 생성된 로그 그룹과 로그 스트림을 볼 수 있을 것이다.

6) 상태를 체크하려면, 다음 명령어를 실행하면 된다.

```
[root@ip-172-31-45-203 jhalak]# systemctl status awslogs
 awslogs.service - LSB: Daemon for AWSLogs agent.
 Loaded: loaded (/etc/rc.d/init.d/awslogs)
 Active: active (running) since ---
 ---- Jul 22 20:10:56 ip-172-31-45-203.us-
west-2.compute.internal systemd[1]: Started LSB: Daemon for
AWSLogs agent..
```

7) 앞에서 했던 것과 동일한 세팅 방법을 이용해 더 많은 로그 파일을 설정하려면 다음과 같이 한다.

```
[root@ip-172-31-45-203 jhalak]# python ./awslogs-agent- setup.
py --region us-west-2 --only-generate-config
Launching interactive setup of CloudWatch Logs agent ...
Skipping downloading and installation of agent bits.
Step 3 of 5: Configuring AWS CLI ...
AWS Access Key ID [****************A6GQ]:
// 엔터 키를 누른다
AWS Secret Access Key [****************0Y3Q]:
// 엔터 키를 누른다
Default region name [us-west-2]:
// 엔터 키를 누른다
Default output format [text]:
// 엔터 키를 누른다
Step 4 of 5: Configuring the CloudWatch Logs Agent ...
Path of log file to upload [/var/log/messages]:
/var/log/httpd/access_log
// 업로드할 파일의 경로를 입력한다
Destination Log Group name [/var/log/httpd/access_log]:
// 엔터 키를 누른다
Choose Log Stream name:
1. Use EC2 instance id.
2. Use hostname.
3. Custom.
Enter choice [1]:   // 엔터 키를 누른다
Choose Log Event timestamp format:
1. %b %d %H:%M:%S (Dec 31 23:59:59)
2. %d/%b/%Y:%H:%M:%S (10/Oct/2000:13:55:36)
3. %Y-%m-%d %H:%M:%S (2008-09-08 11:52:54)
4. Custom
Enter choice [1]:   // 엔터 키를 누른다
Choose initial position of upload:
1. From start of file.
2. From end of file.
Enter choice [1]:   // 엔터 키를 누른다
More log files to configure? [Y]: N
Step 5 of 5: Setting up agent as a daemon ...DONE
```

```
--------------------------------------------------------
- Configuration file successfully saved at:
/var/awslogs/etc/awslogs.conf
- You can begin accessing new log events after a few moments at
https://console.aws.amazon.com/CloudWatch/home?region=us-west-
2#logs:
- You can use 'sudo service awslogs start>stop>status>restart'
to control the daemon.
- To see diagnostic information for the CloudWatch Logs Agent,
see /var/log/awslogs.log
- You can rerun interactive setup using 'sudo python ./awslogs-
agent-setup.py --region us-west-2 --only-generate-config'
--------------------------------------------------------
```

8) 다음 명령어를 실행해 CloudWatch 에이전트를 재시작한다.

```
[root@ip-172-31-45-203 jhalak]# systemctl daemon-reload
[root@ip-172-31-45-203 jhalak]# systemctl restart awslogs
```

9) 다음 명령어를 실행해 오류 로그의 환경 설정 작업을 한다.

```
[root@ip-172-31-45-203 jhalak]# python ./awslogs-agent-
setup.py --region us-west-2 --only-generate-config
Launching interactive setup of CloudWatch Logs agent ...
Skipping downloading and installation of agent bits.Step 3
of 5: Configuring AWS CLI ...
AWS Access Key ID [****************A6GQ]:
AWS Secret Access Key [****************0Y3Q]:
Default region name [us-west-2]:
Default output format [text]:
Step 4 of 5: Configuring the CloudWatch Logs Agent ...
Path of log file to upload [/var/log/messages]:
/var/log/httpd/error_log
Destination Log Group name [/var/log/httpd/error_log]:
Choose Log Stream name:
1. Use EC2 instance id.
2. Use hostname.
3. Custom.
Enter choice [1]:
```

```
Choose Log Event timestamp format:
1. %b %d %H:%M:%S (Dec 31 23:59:59)
2. %d/%b/%Y:%H:%M:%S (10/Oct/2000:13:55:36)
3. %Y-%m-%d %H:%M:%S (2008-09-08 11:52:54)
4. Custom
Enter choice [1]:
Choose initial position of upload:
1. From start of file.
2. From end of file.
Enter choice [1]:
More log files to configure? [Y]: N
Step 5 of 5: Setting up agent as a daemon ...DONE
-------------------------------------------------------
- Configuration file successfully saved at:
/var/awslogs/etc/awslogs.conf
- You can begin accessing new log events after a few
moments at
https://console.aws.amazon.com/CloudWatch/home?region=us-we
st-2#logs:
- You can use 'sudo service awslogs
start>stop>status>restart' to control the daemon.
- To see diagnostic information for the CloudWatch Logs
Agent, see /var/log/awslogs.log
- You can rerun interactive setup using 'sudo python
./awslogs-agent-setup.py --region us-west-2 --only-
generate-config'
-------------------------------------------------------
```

10) 앞의 과정을 완료한 후, 동일한 방법으로 더 많은 애플리케이션 로그에 대한 환경 설정 작업을 할 수 있다.

3. CloudWatch 콘솔에서 로그를 체크한다.

1） AWS **콘솔**에 로그인해 CloudWatch로 간다. 왼쪽 메뉴의 Logs 탭을 클릭한다.

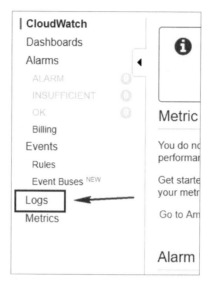

CloudWatch 로그

2） 이제 생성된 모든 로그를 볼 수 있을 것이다.

3） /var/log/messages에서 환경 설정한 로그를 선택한다.

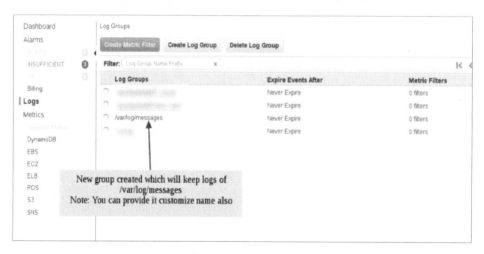

CloudWatch 로그 그룹

추가 정보

Amazon CloudWatch와 로그 데이터를 이용해 다음과 같은 것들을 할 수 있다.

- **실시간 애플리케이션 및 시스템 모니터링**: CloudWatch Logs를 사용해 로그 데이터를 통해 애플리케이션과 시스템을 실시간으로 모니터링 할 수 있다. 예를 들면 CloudWatch Logs에서는 애플리케이션 로그에서 발생하는 오류가 몇 개인지 추적하고 오류 비율이 여러분이 지정한 임계치보다 클 경우 알림 메시지를 전송할 수 있다. Amazon CloudWatch는 모니터링에 로그 데이터를 이용하므로 따로 코드를 변경하지 않아도 된다.
- **장시간 로그 데이터 보관**: CloudWatch Logs를 이용하면 하드 드라이브 저장 공간의 부족 걱정 없이 높은 내구성과 비용 효율적인 스토리지에 필요한 만큼 로그 데이터를 저장할 수 있다. CloudWatch Logs 에이전트를 사용해 호스트에서 로그 서비스로 로테이션된 로그 데이터와 로테이션되지 않은 로그 데이터를 모두 쉽고 빠르게 전송할 수 있다. 그런 다음, 필요한 때에 로그 이벤트 데이터 원본에 액세스할 수 있다.

CloudWatch 로그에 대한 제약 사항은 다음과 같다.

- 최대 5GB까지 무료로 데이터를 수신할 수 있다.
- 최대 5GB까지 무료로 데이터를 보관할 수 있다.
- AWS 계정당 로그 그룹은 최대 500개까지 가능하다.
- 지표^{metric} 필터는 로그 그룹당 최대 100개까지 가능하다.
- 이벤트 크기는 최대 256KB이다.
- 배치 크기는 최대 1MB이다.
- PutLogEvents 요청은 각 로그 스트림에 대해 초당 5개의 요청까지 가능하다.
- PutLogEvents 요청의 배치 크기는 최대 1MB이다.
- GetLogEvents 요청은 각 AWS 계정에 대해 초당 10개까지 가능하다.

CloudTrail 시작하기

Amazon CloudTrail은 API 로그에 대한 모니터링과 기록을 담당하는 툴이다. CloudTrail 은 여러분의 계정에 대한 모든 API 콜과 관련 이벤트를 캡처하고 기록하며, 이들을 S3에 저장한다. CloudWatch Logs와 CloudWatch Events에 대한 로그 데이터도 전달할 수 있다.

CloudWatch는 주로 다음과 같은 3가지 작업을 수행한다.

- S3에 로그 파일 저장
- API 이력 조회
- 특정 API 활동에 대한 메시지 수신

다음과 같은 2가지 타입의 추적trail을 생성할 수 있다.

- 모든 리전에 적용할 추적
- 하나의 리전에 적용할 추적

수행 방법

1. AWS Console로 로그인해 CloudTrail 서비스로 간다.

CloudTrail 서비스 선택

2. Get Started Now를 클릭한다(또는 Create Trail 버튼을 클릭한다).

CloudTrail: 시작하기

3. Turn on CloudTrail 페이지에서 Trail name을 입력한다. 그리고 Apply trail to all regions를 하려면 Yes를 클릭한다.

4. Management events 항목 중 Read/Write events에 대해 여러분이 원하는 기준에 따라 All, Read-only, Write-only, None 중 하나를 선택한다. 그런 다음 Save 버튼을 클릭한다. 기본 설정값은 All management events이다.

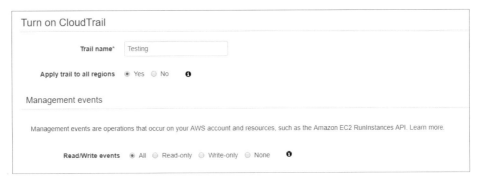

Turn on CloudTrail 화면

5. 다음 그림을 참고해 스토리지 위치를 입력한 뒤 **Yes**를 선택한 다음 버킷 이름을 입력한다. 만약 사용할 수 있는 버킷이 이미 있으면 **No**를 선택한 다음 버킷 이름을 입력한다.

CloudTrail을 위한 S3 버킷 설정

6. **Advanced**를 클릭하고 다음 스크린샷에 나와 있는 것처럼 상세 정보를 입력한다.

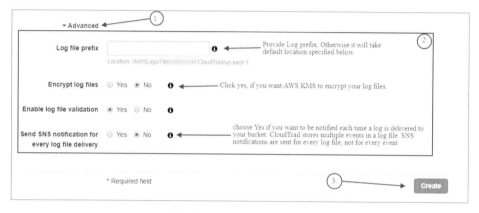

CloudTrail Advanced 상세 정보

7. Trails 페이지에 새로운 추적 결과가 나타날 것이다. Trail 페이지에서 모든 리전에 대한 여러분 계정의 추적 결과를 볼 수 있다.

CloudTrail 로그

동작 원리

CloudTrail은 AWS 계정에 대해 생성된 API 콜과 관련 이벤트들을 캡처하고 이 로그 파일들을 S3 버킷으로 전송한다. CloudTrail은 일반적으로 5분마다 로그 파일을 푸시^{push}한다.

추가 정보

Loggly 같은 외부 로그 모니터링 툴과 CloudTrail을 API를 사용해 통합할 수 있다. 이를 통해 여러분의 조직을 위한 추적^{trail}을 자동화하고, 추적의 상태를 확인하고, 관리자가 CloudTrail 로그온을 설정 및 해제하는 방법을 제어할 수 있다.

기본적으로 로그 파일은 Amazon S3 서버 측 암호화^{SSE, Server-sided Encryption}를 사용해 암호화된다. 원하는 만큼 S3 버킷에 로그 파일을 저장할 수 있다. 또한 로그 파일을 자동으로 아카이빙하거나 삭제하도록 Amazon S3 라이프 사이클 규칙을 정의할 수 있다.

각 리전마다 최대 5개의 추적을 생성할 수 있다. 추적을 생성하면 CloudTrail은 자동으로 AWS 계정에서 API 호출 및 관련 이벤트 로깅을 시작한다. 로깅을 중지하려면 추적 로깅을 해제하거나 삭제하면 된다.

침입 테스트 요청 방법

침입 테스트는 악용딩힐 수 있는 취약성을 테스트히는 인프라에 대한 사이버 공격으로 정의할 수 있다. 침입 테스트의 주요 목적은 보안 취약점을 파악하는 것이다. AWS는 침입 테스트를 악의적인 행동으로 간주해 기본적으로 소스 IP를 차단한다. 침입 테스트를 수행하려면 먼저 테스트에 대해 AWS에 알려야 한다.

우선 루트 계정 자격 증명으로 로그인한다. 그리고 AWS Vulnerability/Penetration Testing Request Form을 작성해 침입 테스트에 대한 인증을 요청할 수 있다. AWS는 영업일 기준 2일 이내에 해당 요청을 처리한다.

small/micro/nano 타입의 EC2 인스턴스 또는 RDS 인스턴스에서는 침입 테스트를 수행할 수 없다.

수행 방법

1. 루트 계정으로 AWS Console에 로그인한다.
2. https://aws.amazon.com/forms/로 가서 폼 페이지를 연다.
3. 다음 그림을 참고해 필요한 상세 정보를 입력한다.

   1) Contact Information

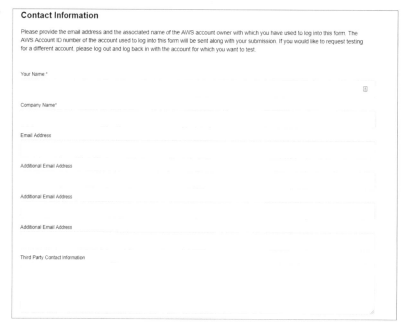

침입 테스트 신청 페이지

2) Scan Information

Scan Information

IP Addresses to be scanned (Destination)*

Are the instances the source of the scan or the target of the scan?*
- ☐ Source
- ☐ Target

Instance IDs*

Scanning IP addresses (Source)*

Total Bandwidth (Please provide expected Gbps)*

What region are these instances in?*

| Asia Pacific (Seoul) |
| Asia Pacific (Singapore) |
| Asia Pacific (Tokyo) |
| Asia Pacific (Sydney) |

Time Zone

GMT -11 ▼

Start Date and Time (YYYY-MM-DD HH:MM)*

End Date and Time (YYYY-MM-DD HH:MM)*

Additional Comments

Terms and Conditions

침입 테스트 신청 페이지

4. Terms and Conditions Agreement 섹션에서 I agree를 클릭한 다음 Submit 버튼을 클릭한다.

Furthermore, you are responsible for any damages to AWS or other AWS customers that are caused by your penetration testing activities.
AWS Policy Regarding the Use of Security Assessment Tools and Services Agreement*

◉ I agree

○ I do not agree

[Submit]

침입 테스트 신청

5. 약 2일 정도면 확인 메일을 받을 수 있을 것이다.

08

문제 해결 방법과 VPC 제한 규모들

8장에서는 다음 주제들을 다룬다.

- IP 주소 중복 문제 해결
- VPC 내에 있는 EC2 인스턴스 접속 시 문제점
- 인스턴스에서 접속할 수 없는 인터넷
- 프라이빗 서브넷 인스턴스에서 접속할 수 없는 인터넷(NAT 게이트웨이)
- VPC 삭제 불가
- VPC Flow Logs 활성화
- VPC 제한 증가

소개

8장에서는 VPC를 만들고 관리하는 과정에서 발생하는 다양한 문제에 대한 해결 방안을 알아보기로한다. 이러한 문제에 대해 여러분이 직접 관련 툴을 활용할 수도 있다. 하지만 여러분이 점검할 수 있는 일련의 작업들이 있다. 예를 들면 잘못된 CIDR 블럭이라든가 라우팅 테이블이 겹치는 경우 등이 해당된다.

IP 주소 중복 문제 해결

다음과 같은 시나리오를 생각해보자. 여러분에게 이미 VPC가 하나 있고 그 안에 172. 0.x.x/16 대역의 CIDR 블럭의 주소가 할당된 여러 대의 인스턴스가 있다고 하자. 이 상황에서 여러분이 운영하는 서비스에 접속하려는 클라이언트도 동일한 CIDR 블럭을 갖고 있다는 사실을 알게 됐다고 가정해보자. 아마도 IP 충돌 문제가 일어날 것이다. 따라서 접속하려는 다른 네트워크와 충돌이 일어나지 않도록 VPC의 IP 대역을 잘 따져보고 선택한다.

준비 사항

VPC를 수정할 수 있는 권한이 필요하다.

수행 방법

새로운 VPC를 생성하고 새로운 리소스를 할당한다. 필요하면 2장의 내용을 참조하기 바란다.

동일한 CIDR 블럭을 지닌 VPC를 여러 개 생성할 수 있다. 이들은 개별 네트워크로 동작한다. 하지만 VPC들 간에 피어링을 하려면 문제가 발생할 수 있다. VPC CIDR 블럭은 한번 설정하면 수정할 수 없기 때문에 이런 문제를 해결하려면 피어링하려는 VPC가 겹치지 않는 VPC를 생성해야 한다.

VPC 내에 있는 EC2 인스턴스 접속 시 문제점들

이러한 오류가 발생하는 이유는 여러 가지가 있을 수 있다. 몇 가지를 예로 들면 다음과 같다.

- 잘못된 서브넷 그룹 또는 프라이빗 서브넷에서 생성된 EC2 인스턴스
- 인스턴스에 퍼블릭 IP가 없는 경우, 또는 프라이빗 IP를 이용해 접속하려고 하는 경우
- SSH/RDP

리소스를 검토하고 수정하기 위해 EC2와 VPC에 액세스할 수 있어야 한다.

다음 단계를 차례대로 진행한다.

1. 우선 인스턴스의 IP 주소를 확인한다. 그리고 IP 주소를 올바르게 사용하고 있는지 확인한다. 다음 순서에 따라 IP 주소를 확인한다.

1) AWS 콘솔에 로그인 후 AWS Console > EC2 > Instances > Instance 메뉴를 차례대로 선택한다.

AWS EC2 콘솔

2) 인스턴스에 퍼블릭 IP 주소 또는 Elastic IP 주소가 할당돼 있는지 확인한다. 다음 순서대로 해보자.

3) AWS Console > EC2 > Elastic IPs > Allocate new address 메뉴를 차례대로 선택한다.

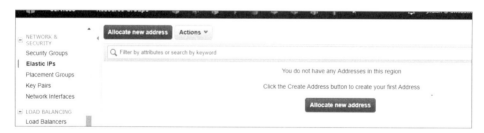

Elastic IP 주소 할당

4) 화면에서 Allocate를 클릭한다.

Elastic IP 주소 할당

5) IP 주소가 화면에 나타나면 Actions > Associate address 메뉴를 클릭한다.

Elastic IP 주소 연동

6) 인스턴스 상세 정보를 확인한다.

Elastic IP 주소 연동

7) 연동된 IP 주소와 상세 정보는 다음과 같이 나타난다.

Elastic IP 주소 연동

8) 인스턴스의 IP 주소를 확인한다.

EC2 인스턴스의 Elastic IP 주소

2. System Status Checks와 Instance Status Checks 모두 깨끗한 상태인지 확인한다. 다음 순서대로 해보자.

1) AWS 콘솔에 로그인 후 AWS Console > EC2 > Instances > Instance 메뉴를 차례대로 선택한다.

2) 다음으로 Status Checks 탭을 선택한다.

3) 2가지 Status Checks 모두 인스턴스가 문제없이 통과하는지 확인한다.

3. SSH/RDP 포트가 보안 그룹Security Group에서 열려 있지 않을 수도 있다. 또는 인스턴스에 맞는 보안 그룹을 어태치하는 절차를 잊어버렸을 수도 있다. 다음과 같이 해결한다.

1) AWS 콘솔에 로그인 후 AWS Console > EC2 > Instances > Instance 메뉴를 차례대로 선택한다.

2) 다음으로 Instance Security Group을 선택한다.

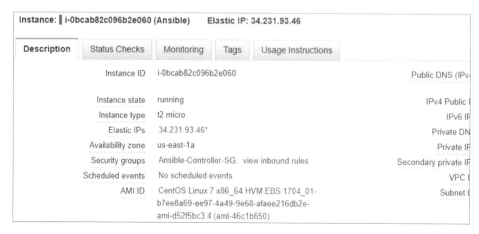

보안 그룹 확인

334

3) Inbound 탭을 선택한다.

보안 그룹 선택

4) 보안 그룹이 여러분의 IP 주소에 대해 22번 포트를 통해 접속할 수 있도록
설정한다.

Inbound 룰 확인

A) SSH로 접속이 안 되는 상태라면 Edit > Add Rule을 클릭해 새로운 룰을 만든다.

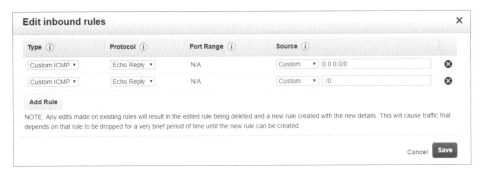

보안 그룹에 Inbound 룰 추가

B) Type > SSH > Source > My IP를 선택한 다음 Save 버튼을 클릭한다(다음 그림을 참고한다).

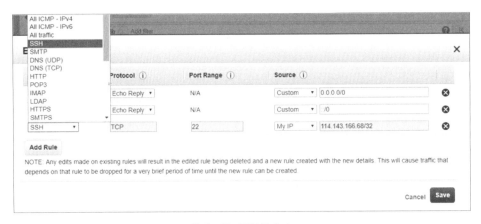

보안 그룹: SSH 룰 추가

5) 서버가 원하는 서브넷에 생성됐는지, 또 서브넷이 필요한 포트와 프로토콜을 통해 트래픽을 잘 처리할 수 있는지 확인한다.

A) AWS 콘솔에 로그인 후 AWS Console > Amazon Virtual Private Cloud(VPC)를 차례대로 선택한 다음 네트워크 ACLs 메뉴로 간다.

B) Inbound Rules 또는 Outbound Rules 탭을 선택한다.

C) Inbound Rules, Outbound Rules 모두 소스 IP 주소에 대해 Allow for the traffic을 선택한다.

추가 정보

인스턴스에 접속하는 데 여전히 문제가 있다면, 여러 가지 원인이 있을 수 있다. 대표적으로 다음과 같은 것들을 생각해볼 수 있다.

- 로컬 방화벽 룰
- 네트워크의 라우팅 정책
- 잘못된 키 페어를 이용해 접속을 시도하는 경우

인스턴스에서 접속할 수 없는 인터넷

퍼블릭 서브넷 인스턴스에 접속했지만, OS 업데이트 또는 인터넷에서 접속하려고 할 경우 에러가 발생할 수 있다. 이 절에서는 인터넷과 관련된 문제들에 대해 어떤 원인이 있을 수 있는지 알아보기로 한다.

프라이빗 인스턴스에 대해서는 나중에 뒤에서 다룬다.

준비 사항

문제 해결을 위해 서버와 VPC에 접속할 수 있어야 한다.

1. 라우팅 테이블이 인터넷 게이트웨이를 통해 접속하려는 IP 주소가 인터넷 전체
가 되도록 0.0.0.0/0이 제대로 입력됐는지 확인한다.

1) AWS 콘솔에 로그인 후 AWS Console > Amazon Virtual Private Cloud(VPC)를
차례대로 선택한다.

2) 메뉴에서 Route Tables를 선택한다.

3) 서브넷 인스턴스와 연동돼 있는 라우팅 테이블을 선택한다.

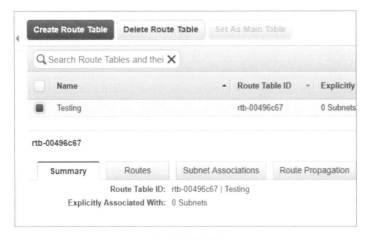

라우팅 테이블 선택

4) Routes 탭을 선택한다. 기본 라우팅 설정이 어태치돼 있는지(그림 참조), 사용자 정의 라우팅 설정이 인스턴스에서 사용 가능한지 확인한다.

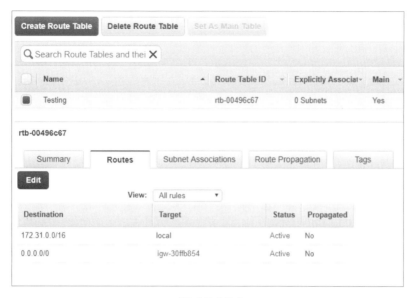

라우팅 설정 확인

2. 인터넷 게이트웨이가 VPC에 어태치돼 있는지 확인한다.

1) AWS 콘솔에 로그인 후 AWS Console > Amazon Virtual Private Cloud(VPC)를 차례대로 선택한다.

2) Internet Gateways 메뉴로 가서 Create Internet Gateway를 선택한다.

Internet Gateway 메뉴

3) 인터넷 게이트웨이를 선택하고 원하는 VPC에 잘 연결돼 있는지 확인한다.

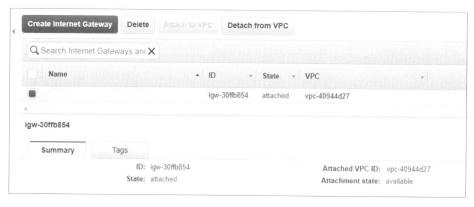

인터넷 게이트웨이 선택

4) 어태치돼 있지 않으면 Attach to VPC를 클릭한 다음 목록에서 여러분이 사용할 VPC를 선택한다.

추가 정보

다른 원인들도 있을 수 있는데, 대표적으로 다음과 같은 것들이 있다.

- OS 방화벽 룰 또는 SE Linux
- 올바른 DNS 주소 확인

프라이빗 서브넷 인스턴스에서 접속할 수 없는 인터넷(NAT 게이트웨이)

프라이빗 인스턴스로 작업하는 동안 인터넷에 접속하는 EC2 인스턴스 또는 서브넷 내에 있는 다른 인스턴스에서 여러 가지 문제가 일어날 수 있다.

1. 문제 해결의 첫 번째 단계로, (다른 호스트 또는 인터넷 같은) 데스티네이션에 ping 명령어를 보내본다.

> ℹ 다른 서버 또는 여러분의 컴퓨터에서 데스티네이션으로 테스트하는지 확인한다. 데스티네이션 호스트 또는 웹사이트가 ICMP가 활성화돼 있을 수 있기 때문이다.

2. NAT 게이트웨이와 EC2가 원하는 서브넷에 어태치돼 있는지 확인한다.
3. NAT 게이트웨이가 퍼블릭 서브넷에 생성돼 있는지 확인한다.

> ℹ 퍼블릭 서브넷에는 퍼블릭 라우팅 테이블이 있다. 이 퍼블릭 라우팅 테이블에는 인터넷 게이트웨이가 데스티네이션인 기본 라우팅 정보가 포함돼 있다.

4. NAT 게이트웨이가 available 상태인지 확인한다. NAT 게이트웨이가 failed 상태이면 문제를 해결하든지 새로운 게이트웨이를 즉시 생성해야 한다.
5. 여러분이 사용 중인 VPC와 연동돼 있는 네트워크 ACL네트워크 ACL에서 접근을 제한하는 룰이 없는지 확인한다.
6. 프라이빗 인스턴스에 대한 보안 그룹 룰이 아웃바운드 인터넷 트래픽을 허용하고 있는지 확인한다. ping 명령어를 이용하려면, 룰이 아웃바운드 ICMP 트래픽을 허용해야 한다.

VPC 삭제 불가

지금까지는 VPC를 생성하기만 했지만, 삭제를 할 수는 없었다.

VPC를 삭제하기 전에 VPC에 어태치돼 있는 모든 리소스는 종료되거나 연동이 해제돼야 한다.

1. NAT 게이트웨이가 디태치돼 있는지 확인한다.
2. Elastic IP의 연동을 해제한다.
3. 보안 그룹들 간의 의존 관계dependency를 제거한다.
4. EC2 인스턴스를 종료한다.
5. RDS 인스턴스와 DB 서브넷 그룹을 종료한다.
6. VPG를 삭제한다.
7. VPN 어태치 결과들을 모두 종료한다.
8. 인터넷 게이트웨이를 삭제한다.
9. 라우팅 테이블을 삭제한다.

VPC Flow Logs 활성화

VPC Flow Logs는 VPC로 들어오고 나가는 IP 네트워크 트래픽에 대한 정보를 캡처할 때 유용한 기능이다. 이 정보는 접속과 보안에 대한 문제를 해결하는 데 사용할 수 있다. 모든 로그는 CloudWatch logs에 저장된다. 특정 케이스 또는 위협 상황에 대해 알람을 발생시킬 수도 있다.

VPC와 CloudWatch에 접근할 수 있는 권한이 필요하다.

1. **AWS 콘솔**에 로그인한 후, VPC를 선택한다.

   1) VPC 메뉴에서 Actions > Create Flow Log를 선택한다.

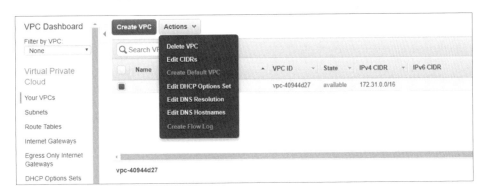

CloudWatch Flow Log 생성

   2) 그림과 같이 Create Flow Log 버튼을 클릭한다.

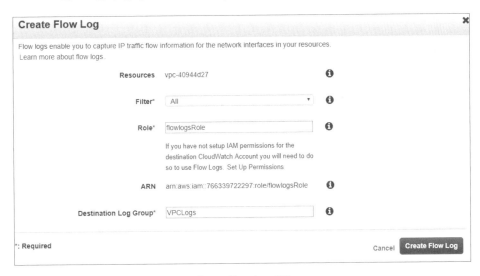

Create Flow Log 화면

3) 이미 만들어놓은 게 없으면 **Set Up Permissions**를 선택해 역할Role을 생성한다.

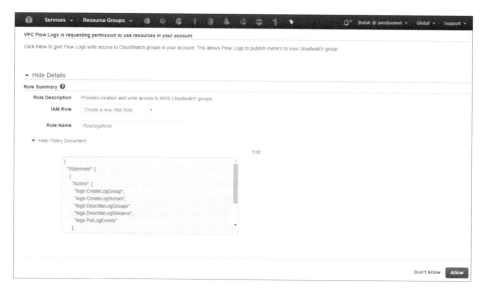

Create Flow Log 화면

4) 화면 아래에서 **Flow Logs** 메뉴를 선택한다.

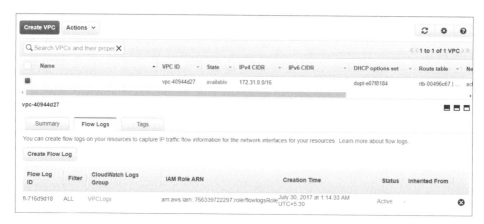

Flow Log 현황 정보

5) Flow Logs가 CloudWatch Logs에 나타날 것이다.

CloudWatch 에 Flow Log 생성 여부 확인

추가 정보

- 다음과 같은 트래픽은 Flow Log에 포함되지 않는다.
  - VPC Flow Logs는 VPC 내에서 생성된 네트워크 인터페이스만 지원한다. 따라서 EC2-classic 링크는 지원하지 않는다.
  - DNS 서버로 들어오고 나가는 트래픽
  - 윈도우 라이센스 활성화 트래픽
  - (169.254.169.254 같은) 인스턴스 메타데이터 요청에 대한 인바운드, 아웃바운드 트래픽
  - DHCP 요청 및 응답
- Flow Logs는 태깅될 수 없다.
- Flow Logs 환경 설정은 한 번 생성되면 변경할 수 없다. 따라서 변경하려면 기존에 생성한 것을 삭제하고 새로 생성해야 한다.

VPC 제한 증가

사실, VPC와 모든 AWS 리소스에는 soft limit/hard limit이 걸려 있다. 이는 사용자들이 임의로 인스턴스를 잘못 사용하거나 계속 사용하지 않도록 하기 위해서다. AWS 서버, AWS 계정 해킹을 통해 해커들이 여러 가지 높은 환경 설정 정보로 만들어진 서버를 실행시켜 사용자가 요금 폭탄을 당하게 할 수도 있다. VPC 제한 증가 기능은 이를 방지하는 데에도 큰 역할을 한다.

준비 사항

여러 서비스에 대한 제한 사항들은 다음과 같다.

Sr.no	리소스	제한 기본 설정값	제한 유형	부가 정보
1	리전당 VPC	5	Soft Limit	리전당 인터넷 게이트웨이도 동일한 수만큼 늘어난다.
2	VPC당 서브넷	200	Soft Limit	
3	리전당 EIP	5	Soft Limit	이 제한 사항은 EC2와는 별개로 VPC에 특화된 리소스를 위한 것이다.
4	리전당 ENI 별 Flow log 수	2	Hard Limit	
5	리전당 사용자 게이트웨이(CGW)	50	Soft Limit	
6	리전당 인터넷 게이트웨이(IGW)	5	Soft Limit	이 제한 사항은 VPC와 직접 관련이 있으며, VPC 수를 늘리지 않았다면 이것 역시 늘릴 수 없다.
7	AZ당 NAT 게이트웨이	5	Soft Limit	
8	리전당 가상 프라이빗 게이트웨이 (VGW)	5	Soft Limit	
9	VPC당 네트워크 ACL	200	Hard Limit	하나의 네트워크 ACL을 여러 서브넷에 어태치할 수 있다.
10	네트워크 ACL당 룰(rule) 개수	20	Soft Limit	40까지 올릴 수 있다.
11	리전당 ENI	350	Soft Limit	ENI 개수 = 인스턴스 개수 * 5
12	VPC별 라우팅 테이블 수	200	Soft Limit	

13	라우팅 테이블당 라우팅 수 (전파되는 라우팅)	100	Hard Limit	
14	라우팅 테이블별 라우팅 수 (전파되지 않는 라우팅)	50	Soft Limit	최대 100까지 가능
15	VPC당 보안 그룹	500	Soft Limit	
16	VPC당 인바운드/아웃바운드 룰	50	Soft Limit	인바운드 50 + 아웃바운드 50 (전체 합계는 최대 250)
17	ENI 당 보안 그룹	5	Soft Limit	최대 16까지 가능
18	VPC당 VPC 피어링 연결	50	Soft Limit	최대 125까지 가능
19	대기중 VPC 피어링 연결 요청	25	Soft Limit	
20	리전당 VPC 엔드포인트	20	Soft Limit	최대 255 엔드포인트까지 가능
21	VPC당 VPN 연결	50	Soft Limit	
22	리전당 VPN 연결	10	Soft Limit	

수행 방법

어떠한 리소스든 제한 수준을 올리고 싶으면 다음 순서대로 하면 된다.

1. **AWS 콘솔**로 로그인한 후 Support 메뉴를 클릭한다(오른쪽 상단에 있다).

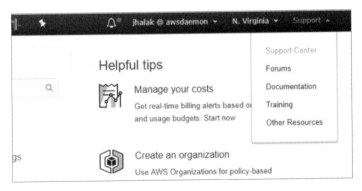

Support Center 메뉴

2. Create Case 버튼을 클릭한다.

Support Case 생성

3. Regarding 항목에 대해 Service Limit Increase를 선택한다. 그리고 Limit Type에서는 EC2 인스턴스를 선택한다(또는 제한을 늘리고 싶은 다른 서비스를 선택하면 된다).

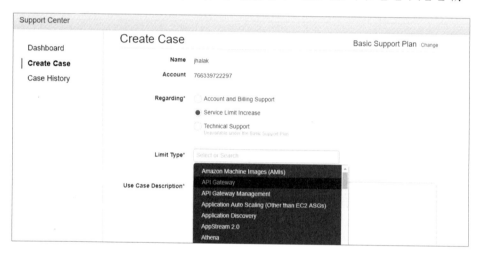

Support Case 상세 정보 입력

4. 입력 창에서 필요한 상세 정보들을 입력한다. 동일한 티켓^{ticket}에 다른 요청 사항을 추가해도 된다.

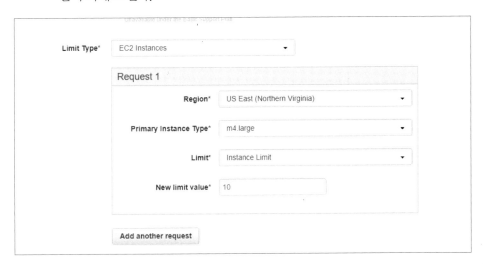

새로운 제한 정보를 입력

5. Use Case Description, Support Language, Contact method에 대한 정보도 입력한다.

6. 필요한 정보들을 입력한 후 Submit 버튼을 클릭해 완료한다.

09

VPC 및 관련 구성 요소들의 요금 정보

9장에서는 다음 주제들을 다룬다.

- VPC, VPN의 요금 정보 및 NAT 게이트웨이 요금 정보
- EC2, ELB 요금 정보 및 Elastic IP 요금 정보
- Route 53 요금 정보
- Direct Connect 요금 정보
- CloudFront 요금 정보
- WAF, Cloud Shield 요금 정보

소개

우리는 그동안 이 책을 통해 AWS 네트워킹 구성 요소와 인프라스트럭처에 관한 다양한 사용법을 배웠다. 이제 이 서비스들에 대한 AWS의 과금 정책에 대해 알아보자. 동일한 서비스에 대해서도 리전에 따라 요금이 모두 다를 수 있다. 따라서 특정 AWS 리전에서 네트워크와 인프라스트럭처 호스팅 서비스를 하기 전에 리전별로 비용을 잘 고려해야 한다. 여기서는 AWS 비용 계산기^{AWS Cost Calculator}를 사용한다. AWS Cost Calculator는 AWS 서비스 대부분을 목록 형태로 보여주고, 여러 리전에서 AWS 인프라를 사용하기 위한 관련 서비스들 전체에 대한 비용을 계산할 수 있도록 손쉬운 인터페이스를 제공하고 있다. 네트워크 구성 요소의 비용은 실제로 사용한 만큼 계산하는 점을 꼭 기억해 둔다. AWS에서는 가끔씩 서비스에 대한 요금 정책을 변경하기도 한다. 따라서 각 서비스의 요금 관련 최신 정보를 확인할 필요가 있다. AWS 서비스를 무료로 체험해보고 싶다면 'AWS 프리 티어' 사이트를 참고하기 바란다. https://aws.amazon.com/free. 네트워크와 관련해 무료 서비스 목록은 다음과 같다.

- VPC
- 서브넷
- 인터넷 게이트웨이
- 보안 그룹
- 네트워크 ACL
- 라우팅 테이블
- VPC 엔드포인트

아울러 IAM, AWS CLI, AWS CloudFormation 같은 서비스도 따로 비용이 발생하지 않는다. 이 장의 나머지 부분에서 AWS 구성 요소의 비용을 계산하는 방법을 소개한다. 여기서 소개한 내용을 참고해 다른 AWS 구성 요소도 계산할 수 있을 것이다.

VPC, VPN, NAT 게이트웨이 요금 정보

VPC 서비스와 관련 구성 요소 대부분은 무료 서비스다. 하지만 이들 구성 요소 간에 데이터를 전송할 경우 인바운드/아웃바운드에 대한 비용이 발생할 수 있다. 요금과 관련한 자세한 사항은 다음 링크를 참고한다.

준비 사항

네트워크 지연, 컴플라이언스 등에 영향을 받을 수 있는 인프라스트럭처가 만들어질 수 있는 리전의 목록을 가지고 시작한다. 아울러 어떤 VPC 구성 요소가 필요한지, 이들을 얼마나 많이 만들어야 하는지도 결정해야 한다.

수행 방법

1. AWS Cost Calculator 사이트(https://calculator.s3.amazonaws.com/index.html)로 간다. 리전의 기본 설정값은 **US-East**로 돼 있다. 필요할 경우 다른 리전을 선택한다. 왼쪽 메뉴 옵션에서 **Amazon VPC**를 선택한다.

AWS Cost Calculator

2. VPC처럼 원하는 구성 요소를 추가한다. + 버튼을 클릭하기만 하면 된다. 만약 삭제하고 싶은 게 있으면 – 버튼을 클릭하면 된다. Usage 필드에서는 시간당 사용률(%)을 선택할 수도 있고, 하루 기준, 일주일 기준, 한 달 기준으로 사용률을 정의할 수도 있다. VPC 각각에 대해 0개 이상의 VPN 연결을 선택할 수도 있다. 산정된 전체 비용은 Estimate of your Monthly Bill 탭에 반영된다. 이 예에서는 매월 1GB의 데이터 인바운드 트래픽과 1GB의 데이터 아웃바운드 트래픽이 발생하는 VPC를 하나 추가했다. 사용률이 100% 인 경우에 대해 비용이 0임을 확인할 수 있다.

VPN이 포함되지 않은 상태에서 VPC의 요금 계산 결과

3. 이제 사용율 100%의 VPN 하나를 앞에서 생성한 VPC에 추가해보자. 월 기준 사용료가 $36.60으로 증가한 것을 볼 수 있다.

VPN이 포함된 VPC의 비용 산정 결과

4. 다음으로 매월 100GB의 데이터 인바운드 트래픽을 추가해보자. 비용은 앞에서 계산된 결과와 동일하다.

VPN와 인바운드 데이터 트래픽이 포함된 VPC의 비용 산정 결과

5. 그러면 매월 100GB의 데이터 아웃바운드 트래픽이 추가되면 어떻게 될까? 비용이 $44.25로 증가한다.

VPN와 인바운드/아웃바운드 데이터 트래픽이 포함된 VPC의 비용 산정 결과

6. Estimate of Your Monthly Bill 탭을 클릭해보자. 프리 티어에 대한 전체 할인 규모가 반영된 비용 관련 상세 내역을 확인할 수 있다.

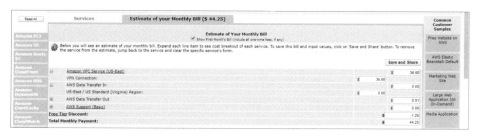

VPN 과 데이터 인바운드, 아웃바운드를 포함한 VPC의 비용 상세 내역

7. Services 탭으로 다시 돌아가자. 그리고 사용률 100%의 NAT를 하나 추가한다. 100GB의 인바운드, 아웃바운드 데이터 트래픽도 추가한다. 이에 대한 결과로 비용이 $90.69로 증가하는 것을 확인할 수 있다.

VPN, NAT, 데이터 인바운드/아웃바운드 트래픽이 포함된 VPC의 요금 정보

8. Estimate of Your Monthly Bill 탭을 클릭해보자. NAT 비용이 추가 반영된 비용 관련 상세 내역을 확인할 수 있을 것이다.

VPN, NAT, 데이터 인바운드/아웃바운드 트래픽이 포함된 VPC의 요금 상세 내역

추가 정보

데이터 전송 비용은 사용 규모에 따라 약간씩 차이가 있다. 즉, 사용 규모가 클수록 비용이 낮아지도록 구성돼 있다. 자세한 사항은 https://aws.amazon.com/ec2/pricing/on-demand/#Data_Transfer를 참고하기 바란다.

EC2, ELB, Elastic IP 요금 정보

EC2는 여러분의 애플리케이션을 호스팅하는 데 필요한 인프라스트럭처 서비스다. EC2에 어태치하는 EBS 같은 서비스도 필요하다. Elastic IP, ELB 등도 여러분의 고객을 대상으로 EC2상에서 호스팅하는 서비스에 쓰일 수 있다. EC2의 요금은 EC2 인스턴스의 타입과 설치되는 운영체제에 따라 모두 다르다. 예약 인스턴스를 이용하면 할인 정책을 적용받을 수 있다. 비용 관점에서 온-디맨드 사용 시 공유 인스턴스도 고려해야 한다. 이와 관련해서는 전용 인스턴스^{Dedicated Instance}를 사용하면 된다. 더 자세한 사항은 다음 링크를 참고하기 바란다. https://aws.amazon.com/ec2/pricing/

네트워크 지연, 컴플라이언스 등에 영향을 받을 수 있는 인프라스트럭처가 만들어질 수 있는 리전의 목록을 가지고 시작한다. 아울러, EC2, EBS, ELB, Elastic IP 등을 얼마나 많이 만들지도 결정해야 한다.

수행 방법

1. EC2 관련 구성 요소에 대해서만 비용을 알고 싶다면 AWS Cost Calculator를 열어보자. 물론 앞에서 살펴본 방법을 가지고 비용 계산을 할 경우에도 AWS Cost Calculator를 사용한다. 왼쪽 메뉴에서 **Amazon EC2**를 선택한다.

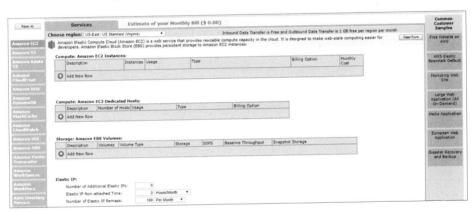

AWS Cost Calculator: EC2

2. **Compute: Amazon EC2 Instances:** 항목에서 + 버튼을 클릭해 Cost Calculator에 EC2를 추가한다. Description 항목을 적절하게 채우고, 인스턴스 대수, 이용 상세 정보 등도 입력한다. Type 항목에서 박스 안에 있는 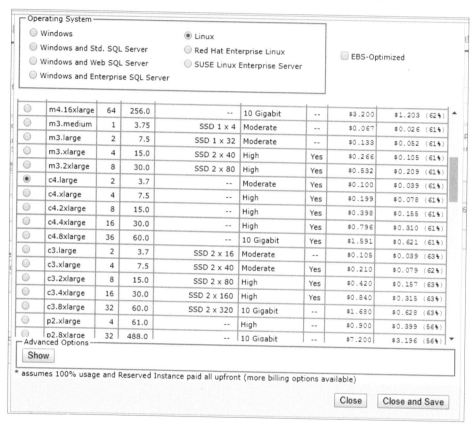(톱니바퀴 모양) 아이콘을 클릭하면 다음과 같은 창이 나타날 것이다. 여기서 필요한 인스턴스 타입과 운영체제를 선택한다. 그런 다음 Close and Save 버튼을 클릭한다.

EC2 운영체제와 인스턴스 타입 선택

3. Billing Option에서 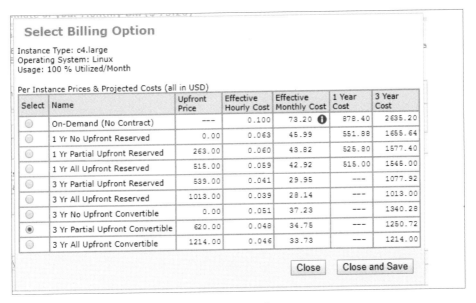(톱니바퀴 모양) 아이콘을 클릭하면 다음과 같은 창이 나타날 것이다. 원하는 Billing Option 항목을 선택하고 **Close and Save** 버튼을 클릭한다. 예약 옵션의 경우 선결제^{Upfront}, 부분 선결제, 선결제 미적용 중 원하는대로 선택할 수 있다. 예약 인스턴스를 처음 사용할 경우 **Upfront Price** 칼럼에 나와 있는 것처럼 선결제로 해야 한다. **Effective Hourly Cost**는 인스턴스 사용 시 시간 당 예상 과금 액수를 보여준다.

Select Billing Option

Instance Type: c4.large
Operating System: Linux
Usage: 100 % Utilized/Month

Per Instance Prices & Projected Costs (all in USD)

Select	Name	Upfront Price	Effective Hourly Cost	Effective Monthly Cost	1 Year Cost	3 Year Cost
○	On-Demand (No Contract)	---	0.100	73.20 ⓘ	878.40	2635.20
○	1 Yr No Upfront Reserved	0.00	0.063	45.99	551.88	1655.64
○	1 Yr Partial Upfront Reserved	263.00	0.060	43.82	525.80	1577.40
○	1 Yr All Upfront Reserved	515.00	0.059	42.92	515.00	1545.00
○	3 Yr Partial Upfront Reserved	539.00	0.041	29.95	---	1077.92
○	3 Yr All Upfront Reserved	1013.00	0.039	28.14	---	1013.00
○	3 Yr No Upfront Convertible	0.00	0.051	37.23	---	1340.28
⦿	3 Yr Partial Upfront Convertible	620.00	0.048	34.75	---	1250.72
○	3 Yr All Upfront Convertible	1214.00	0.046	33.73	---	1214.00

[Close] [Close and Save]

EC2 요금 옵션

4. EC2 인스턴스에 어태치된 스토리지의 비용도 추가해보자. Storage: Amazon EBS Volumes:에서 **+** 버튼을 클릭한다. 볼륨 용도, 볼륨 개수, 볼륨 타입, 스토리지 규모, 백업을 위한 스냅샷 크기 등을 입력한다.

EBS 요금 옵션

5. Elastic IP와 데이터 전송 관련 상세 정보도 추가한다.

Elastic IP와 데이터 전송 옵션

6. 마지막으로 ELB와, ELB에서 처리될 데이터 규모도 추가한다.

로드 밸런싱 옵션

7. Estimate of Your Monthly Bill 탭으로 가서 앞에서 추가한 구성 요소들의 비용 관련 상세 정보를 확인한다.

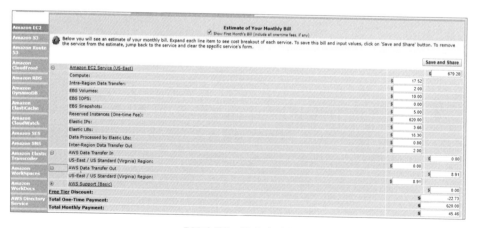

EC2의 월간 비용 추산 내역

Route 53 요금 정보

Route 53은 DNS 서비스 사용을 기준으로 비용이 부과된다. 비용 산정은 호스팅 영역 Hosted zones, 트래픽 규모, 쿼리 같은 항목들로 구성된다. AWS는 호스팅 영역과 쿼리에 대해 규모에 따라 비용을 차등 적용한다. 즉 사용 규모가 어느 기준 이상이 되면 단위 비용이 더 낮게 적용된다. 자세한 사항은 다음 링크를 참고한다. https://aws.amazon.com/route53/pricing/

준비 사항

Route 53에서 사용될 트래픽 규모, 호스팅 영역, 헬스 체크 등을 정해야 한다.

수행 방법

1. Route 53 관련 구성 요소에 대해 비용을 알고 싶다면 AWS Cost Calculator를 연다. 물론 앞에서 살펴본 방법을 가지고 비용 계산을 할 경우에도 AWS Cost Calculator를 사용한다. 왼쪽 메뉴에서 **Amazon Route 53**을 선택한다.

Route 53에 대한 AWS Cost Calculator

2. 호스팅 영역^{Hosted zones}, 트래픽 규모, 쿼리의 타입과 개수 등을 추가한다. 다른 탭에서 여기에 대해 산정된 비용 결과를 볼 수 있을 것이다.

호스팅 영역 구성 요소에 대한 Route 53 비용

3. DNS Failover Health Checks for endpoints:에서 DNS 페일오버에 대한 상세 정보를 추가한다.

호스팅 영역 구성 요소와 페일오버 상세 정보에 대한 Route 53 비용

4. Estimate of your Monthly Bill 탭에서 비용 관련 상세 결과를 확인할 수 있을 것이다.

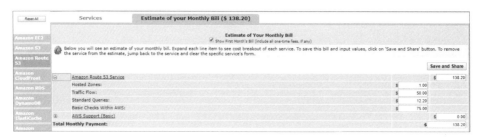

Route 53 월간 비용 추산 내역

362

Direct Connect 요금 정보

Direct Connect는 50Mbps에서 10Gbps에 이르기까지 다양한 대역폭으로 전용 네트워크 연결을 설정할 수 있다. 데이터 센터에서 연결을 설정하기 위해 Direct Connect 관련 특정 로케이션이 있다.

준비 사항

Direct Connect를 위한 연결 회선 수와 대역폭을 확정해야 한다.

수행 방법

1. AWS Cost Calculator를 열고 Direct Connect 관련 구성 요소에 대한 비용을 계산한다. 물론 앞에서 했던 것과 동일한 방법을 사용해 비용 계산을 해도 된다. 왼쪽 메뉴에서 **Amazon Direct Connect**를 선택한다.

AWS Direct Connect에 대한 AWS Cost Calculator

2. + 버튼을 클릭해 Direct Connect를 추가한다. 기존에 입력했던 것을 삭제하려면 – 버튼을 클릭하면 된다. Port Description, 회선 수와 대역폭, Port 사용률, 로케이션 정보 등을 차례로 입력한다. 다음 그림과 같이 AWS 리전에 대해 사용가능한 가장 가까운 로케이션이 여러 개 있다.

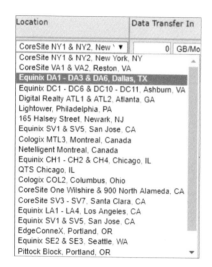

Direct Connect 로케이션 정보

3. Data Transfer In과 Data Transfer Out값을 입력하고 최종 비용 산정 결과를 확인한다.

4. Estimate of your Monthly Bill 탭에서 비용 관련 상세 결과를 확인할 수 있을 것이다.

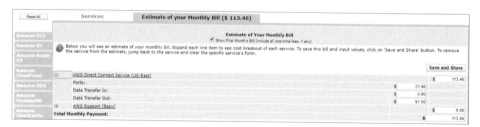

Direct Connect 관련 월간 비용 추산 결과

CloudFront 요금 정보

CloudFront는 AWS에서 제공하는 캐시 서비스다. CloudFront는 어느 정도까지는 무료로 사용할 수 있다. AWS CloudFront의 비용은 지리적 리전에 따라 모두 다르다. 최소 12개월 이상 사용할 경우 예약 비용을 통해 비용을 절약할 수 있다. 자세한 사항은 다음 링크를 참고하기 바란다. https://aws.amazon.com/cloudfront/pricing/

준비 사항

데이터 전송 규모, 요청 타입, 요청 등에 대한 예상 내역을 정해야 한다.

수행 방법

1. AWS Cost Calculator를 열고 CloudFront 관련 구성 요소에 대한 비용을 계산한다. 물론 앞에서 했던 것과 동일한 방법을 사용해 비용 계산을 해도 된다. 왼쪽 메뉴에서 Amazon CloudFront를 선택한다.

CloudFront 관련 AWS Cost Calculator

2. 데이터 전송 규모, 평균 객체 크기, 유효하지 않은 요청 등의 정보를 입력한다.

CloudFront 데이터 전송 및 요청 정보 입력

3. 전 세계를 대상으로 한 트래픽 배포 정보도 입력해보자. HTTPS 요청에 대한 IP SSL 인증 정보도 입력한다.

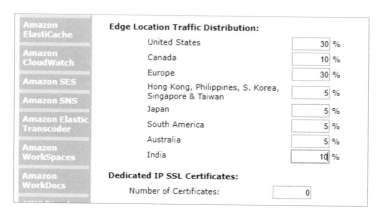

CloudFront 데이터 배포 정보

4. Estimate of your Monthly Bill 탭에서 비용 관련 상세 결과를 확인할 수 있을 것이다.

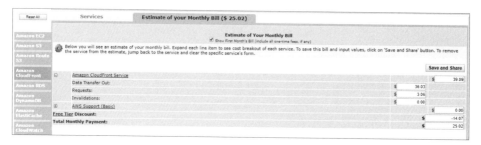

CloudFront 월간 비용 추산 결과

WAF, Cloud Shield 요금 정보

WAF와 Cloud Shield의 요금은 AWS Cost Calculator에 포함돼 있지는 않다. 일단 비용 모델에 대해 알아보기로 하자. WAF는 ELB와 CloudFront에 포함될 수 있다. 따라서 WAF의 비용은 CloudFront 또는 ELB에 포함돼 있거나 통합돼 있다.

준비 사항

우선 서비스 구성 요소에 대한 충분한 이해가 필요하겠다.

수행 방법

1. https://aws.amazon.com/waf/pricing/으로 가 보자. WAF 비용은 웹 ACL[Web ACL]과 룰[rule]의 개수에 따른다는 것을 알 수 있을 것이다. 예를 들어 웹 ACL 2개와 룰 20개를 사용 중이면, 월간 비용은 다음과 같이 계산할 수 있다.

   (2 * $5/웹 ACL/월) + ($20 * $1/룰/웹 ACL/월) = $30

2. WAF는 요청 횟수에 따라 비용이 추가된다. 예를 들어 여러분의 애플리케이션 서비스에 2천만 건의 요청이 있다면, 월간 비용은 다음과 같이 계산할 수 있다.

   20 * $0.60/100만/웹 요청 = $12

3. 위의 결과를 합하면 WAF의 월간 총 비용은 $42라고 볼 수 있다.

4. AWS Cloud Shield는 ELB[Elastic Load Balancing], ALB[Application Load Balancer], Amazon CloudFront, Amazon Route 53과 통합돼 있다. 따라서 AWS Cloud Shield에 대한 추가 비용을 내지 않아도 된다.

5. 하지만 AWS Cloud Shield에는 다른 옵션도 있다. AWS Shield Advanced의 경우 1년 계약을 한다고 가정했을 때 월 $3000의 비용이 든다. 아울러 데이터 전송, ALB, Amazon CloudFront에 대한 추가 비용도 고려해야 한다. 데이터 전송 비용은 서비스에 따라 다르며 사용한 결과에 따라 비용이 부과된다. 또 사용 규모

에 따라 요금 단위가 차등 적용된다. 더 자세한 사항은 다음 링크를 참고하기 바란다. https://aws.amazon.com/shield/pricing/

6. 예를 들어 AWS Cloud Shield Advanced를 사용한다고 가정해보자. 여러분의 애플리케이션에서 500GB의 데이터 아웃바운드 전송을 필요로 한다면 월간 비용은 다음과 같이 계산할 수 있다.

$$3000 + 500 * 데이터\ 아웃바운드\ 전송\ 비용(\$0.05/GB) = \$3025$$

찾아보기

ㄱ

가상 라우팅 및 포워딩 27
가상 프라이빗 게이트웨이 27
가용 영역(AZ) 26
가중치 기반 라우팅 241
고가용성 88
관리자 사용자 36
관리형 서비스 85

ㄴ

네임서버 251
네트워크 ACL 27
네트워크 대역 소진 276
네트워크 레이어 4 116
네트워크 레이어 7 116

ㄷ

다중-팩터 인증 36
단순 라우팅 241
데브옵스 188
도메인 238
도메인 네임 시스템 보안 확장 248

ㄹ

라우터 27
라우팅 테이블 27, 41, 71
레시피 197
루트 사용자 29
리전 26

ㅁ

멀티-티어 197

ㅂ

버킷 286
변경 세트 197, 206
보안 304
보안 그룹 27, 50, 72
부분 선결제 359
분산 서비스 거부 공격 276
비용 최적화 304

ㅅ

사용자 액세스 키 61
사용자 정의 지표 296
사용자 정책 196
상태 비저장 76
상태 저장 77
서브넷 27, 68
선결제 359
성능 304
수신 측 136
스택 206

ㅇ

애플리케이션 레이어 116
애플리케이션 로드 밸런서 116
앤서블 156, 188
엔드포인트 159

오토 스케일링 그룹 123

유니캐스트 리버스 패스 포워딩 139

의존 관계 206

인터넷 게이트웨이 27, 82

인프라스트럭처 자원 소진 276

임계치 298

ㅈ

장애 조치 라우팅 242

장애 허용 88, 304

전용 인스턴스 68, 356

전이성 139

종료 133

지리적 라우팅 242

지연 시간 기반 라우팅 242

지원 플랜 34

ㅊ

책임 공유 모델 274

최상위 도메인 239

침입 유형 275

침입 테스트 325

ㅋ

커맨드라인 인터페이스 39

키 페어 48

ㅌ

템플릿 197

트랜스포트 레이어 116

ㅍ

퍼블릭 서브넷 84

포트 스캐닝 276

프라이빗 서브넷 84

플랫폼 서비스 27

플레이북 188

ㅎ

한시적으로 사용 가능한 임시 포트 번호 76

헬스 체크 268

호스팅 영역 245, 248

A

AAAA 레코드 240

A/B 테스팅 261

accepter 136

Accepter 135

Address(A) 레코드 239

admin user 36

ALB 116

Alias record 290

Alias 레코드 241

Amazon Linux AMI 44

Amazon Machine Images 43, 94

AMI 43

AMIs 94

Apex Zone 241

A record 290

Availability Zone 26

AWS Access Key ID 62

AWS CLI 153

aws configure 62

AWS Cost Calculator 352

AWS EC2 103

AWS Management 콘솔 153

AWS Secret Access Key 62

AWS Trusted Advisor 304

AWS 계정 29

AWS 모범 사례 304

AWS 비용 계산기 352

C

CGW 140

Change Set 197

Change sets 206

Chef 156

CIDR 27

Classless Inter-Domain Routing 27

CLI 39

CloudFormation 156, 188

Cloud Shield 367

CloudTrail 322

CloudWatch 133, 296

CloudWatch logs 342

CNAME 177, 290

CNAME 레코드 240, 255

Command Line Interface 39

Customer Gateway 140

D

DDoS 276

Dedicated Instance 68, 356

dependency 206

Detailed Monitoring 296

Direct Connect 276, 363

Distributed Denial of Service 276

DNS 27, 238

DNS resolution 137

DNSSEC 248

Domain Name System 27

E

EC2 93

Elastic Beanstalk 241

Elastic IP 84

Elastic Load Balancer 116

Elastic Network Interface 57, 102

ELB 116

ENI 57, 102

F

Failover Routing Policy 242

Fault Tolerance 88

Flow Log 345

G

Geolocation Routing Policy 242

GitHub 197

H

HTTPS 리스너 118

I

IaaS 188, 274

IAM 140

ID 스푸핑 276

IGW 27, 82

Inbound Rules 74

IP/DNS 스푸핑 276

IPSec 140

J

JSON 188

K

key pair 48

L

Latency-based Routing Policy 242

Launch configuration 121

M

Mail Xchange(MX) 레코드 240

managed services 85

man-in-the-middle 276

metric 296

MFA 36

multi-factor authentication 36

multi-tier 197

N

NACL 27

Name Server(NS) 레코드 240

NAT 84

NAT Gateways 87

NAT 인스턴스 51

Network Address Translate 84

Network Consumption 276

NS 251

O

Outbound Rules 74

P

PaaS 27, 274

Peer D compromise 276

Platform as a Service 27, 274

Port Scanning 276

PTR 레코드 240

R

RDP 81, 99

recipe 197

Region 26

Requester 135

Resource Consumption 276

Root user 29

Route 53 173, 238

Route table 41

S

S3 158

SaaS 274

Security Group 27, 72

Sender Policy Framework(SPF) 레코드 240

SG 72

shared responsibility model 274

Simple Routing Policy 241

Single sign on 275

SOA 251

Spoofing 276

SRV 레코드 240

SSH 81

SSL Certificate 280

SSO 275

Start of Authority 251

Start of Authority(SOA) 레코드 240

Stateful 77

Stateless 76

strongSwan 164

SVN 197

T

Template 197

terminate 133

Terraform 156

threshold 298

Time to live 241

TLD 239

transitivity 139

TTL 241

TXT 레코드 241

U

Unicast reverse path forwarding 139

Upfront 359

user access key 61

User Policy 196

V

VGW 27, 140

Virtual Private Gateway 140

Virtual Routing and Forwarding 27

VPC 64

VPC flow logs 276

VPC 마법사 152

VPC 제한 증가 346

VPC 피어링 134

VPN 141

VRF 27

W

WAF 367

Weighted Routing Policy 241

Windows AMI 99

Y

YAML 188

Z

zone apex 290

기호

@ AWS VPC 27

@ Direct connect 27

@ ELB 27

@ Route 53 27